상상미디어

지은이 **정화영**

방송국의 교육과 다큐멘터리 프로그램에서 작가로 오래 일을 해왔으며, 〈다큐멘터리 부문 우수상〉〈휴스턴국제영화제 다큐멘터리 부문 백금상〉 등을 수상해 글 실력을 인정받았어요.
이 책은 초등학교 저학년 때까지만 해도 수학을 재미없어 하는 아들을 위해 '어떻게 하면 수학을 좋아하게 될까?' 하고 고민한 끝에 생각해 낸 방법이 담겨 있어요. 이 책처럼 했더니 결과는 대성공! 이후 아들은 수학을 아주 잘하게 되었고 다른 과목들까지도 우수한 성적을 거두게 되었다고 합니다.

그린이 **서영철**

어린이 눈높이에 맞는 상상력을 지닌 분으로 30년 동안 참고서와 교과서에 들어가는 그림을 그렸어요.
2001년부터 현재까지 노벨과개미 교학사 지학사 천재교육 금성출판사를 비롯하여 여러 신문과 잡지사와 손잡고 〈엄마의 보물〉〈4급한자 한방에 끝내기〉〈미생물 꼭꼭 숨었니?〉〈고사성어시리즈〉〈다이노 파닉스 스토리 시리즈〉 등에 그림을 그렸어요.

어린이 수학인문학
수학 마법쇼

ⓒ 상상미디어 2022. Printed in Seoul. Korea

펴낸날 1판1쇄 | 2022년 7월 1일

펴낸이 | 김혜라
지은이 | 정화영
그린이 | 서영철

편 집 | 상상연구소
디자인 | 최진영
펴낸곳 | 상상미디어
등록번호 | 제312-1998-065

주소 | 서울 중구 퇴계로30길 15-8   **전화** | 02.313.6571~2   **팩스** | 02.313.6570
이메일 | 3136572@hanmail.net   **홈페이지** | www.상상미디어.com

ISBN 978-89-88738-00-9 (73410)
값 14,800원

잘못된 책은 구입하신 서점에서 교환해드립니다.
책의 글과 그림은 출판사와 작가의 허락없이 사용할 수 없습니다.

어린이 수학인문학

수학 마법소

글 **정화영** | 그림 **서영철**

상상미디어

책을 시작하며

짜잔~~빵빠라바라밤~
"재미있고 신기한 수학 마법쇼로 여러분을 초대합니다!"

"수학이 너무 어려워."
"아무리 수학공부를 해도 성적이 오르지 않아."
"수학이라는 말만 들어도 짜증이 나."

왜 이렇게 수학을 어려워하고 싫어하게 된 걸까요?
수학을 딱딱하고 지루한 공식이나 암기로 배우려니까 그런 거예요.

TV 프로그램이나 유튜브, 게임은 누가 시키지 않아도 스스로 알아서 보고 찾아서 하잖아요? 그런 것처럼 수학과 쉽고 재미있게 만난다면 계속 공부하고 싶고 더 알아보고 싶을 거예요.

어린이 수학인문학 〈수학 마법쇼〉는 세계의 명화에 숨어있는 수학의 개념과 원리를 그림을 통해 알려주고, 고대 수학자들과 그에 얽힌 이야기를 재미있게 소개하고 있어요.
다양한 그림들이 미술관처럼 펼쳐지고, 고대 수학자들과 화가들이 퍼레이드를 하며 신나고 재미있게 수학얘기를 들려주죠.

보고 읽는 동안 저절로 수학이 이해되고 머릿속에 수학상식이 쌓이게 되는, 그래서 책 제목도 수학 마법쇼!!!!
그걸 어떻게 믿냐구요?

이 책을 쓴 정화영 작가는 방송국의 교육과 다큐멘터리 프로그램을 오래 만들었어요. 그리고 국내외에서 상도 받아 실력을 인정받았고요. 지금은 어린이들에게 꿈과 희망을 심어주는 동화를 쓰고 있어요. 이 책은 아들을 위해 "어떻게 하면 수학을 좋아하게 될까?' 고민하다가 생각해 낸 마법 같은 공부 비법이 담겨 있어요. 결과는 대성공! 지금은 아들이 수학을 좋아하고 다른 과목에서도 좋은 성적을 받았다고 해요.

그림은 서영철 작가님이 그려주셨는데요.
2001년 부터 지금까지 노벨과개미 교학사 천재교육 금성출판사를 비롯한 국내 여러 출판사와 신문사 잡지사와 손잡고 〈엄마의 보물〉〈4급 한자 한방에 끝내기〉〈미생물 꼭꼭 숨었니?〉〈고사성어 시리즈〉〈다이노 파닉스 스토리 시리즈〉 등의 삽회를 그렸어요. 아이와 같은 상상력으로 눈높이에 맞는 그림과 색으로 많은 어린이 독자들의 사랑을 받는 분이죠.

어때요? 〈수학 마법쇼〉가 궁금하지 않나요?
이 책을 다 읽고나면 여러분은 수학과 찐친이 되어 수학을 좋아하게 될 거예요!

차례

책을 시작하며

첫 번째 이야기. 눈속임의 천재, 직선과 곡선

선들이 신기한 마술을 부린다고? 12
우리를 깜짝 놀래키는 착시현상 17
직선과 곡선이 만든 세상 21

두 번째 이야기. 세상이 멋지고 아름다운 이유, 황금비율

최고의 비율은 무엇일까? 26
황금비율을 찾은 사람들 29
자연에도 존재하는 황금비율 32
황금분할로 이루어진 황금나선 35
우리나라에도 황금비가 있다고? 35

세 번째 이야기. 행운일까? 수학일까? 확률

우리는 확률 속에서 살고 있어요! 40
확률과 친해지는 연습문제 43
오랜 확률의 역사 46
수학자는 정말 도박을 잘 할까? 50

네 번째 이야기.
뚱뚱해도 빼빼해도 다 괜찮아! 균형과 무게중심

누가 누가 더 무거울까? 54
수평을 맞추는 비결! 57
무게중심을 찾아라! 59
지렛대와 도르래는 의좋은 형제 62
지구도 들어올릴 수 있는 아르키메데스 65

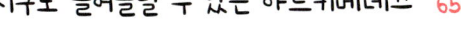

다섯 번째 이야기. 동글동글 원이 가진 비밀, 원주율

원이랑 원주율은 짝꿍이에요 70
원주율의 값은 항상 똑같아 74
동그라미는 모두 원일까? 77
원의 중심각이 360도(°)인 이유 79

여섯 번째 이야기. 수학자가 사랑한 도형, 원뿔과 삼각형

수학자 유클리드를 위한 그림 84
원+뿔은 삼각형처럼 보여 87
삼각형은 가장 매력적인 도형 91
재미로 보는 사랑의 삼각형 94

일곱 번째 이야기. 디자인 속에 숨은 수학, 대칭과 기하학

똑같아 보이는 반복과 대칭 98
점대칭과 선대칭의 차이점 101
기하학이란 도대체 뭘까요? 105

여덟 번째 이야기.
끝도 없는 길을 가야 해, 뫼비우스의 띠

영원히 돌고 도는 뫼비우스의 띠 110
연속해서 이어지는 도마뱀 113
도마뱀이 알려준 테셀레이션 116
뫼비우스의 띠 만들어 보기 119

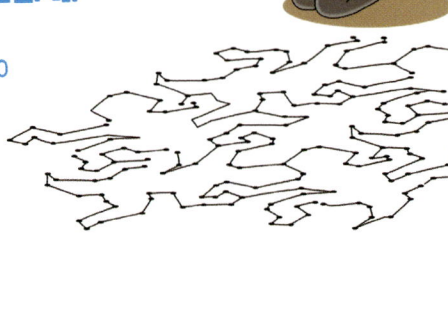

아홉 번째 이야기.
이렇게 해도 저렇게 해도 똑같은 마방진

멜랑콜리 하다면 마방진을 풀어봐! 124
그림 속에 있는 퀴즈 마방진 129
마방진은 언제 시작됐을까? 131
재미로 풀어보는 마방진 134

열 번째 이야기.
가까이 있는 건 가깝게 멀리 있는 건 멀게, 원근법

입체를 만드는 마법 138
〈최후의 만찬〉 그림에는 수학이 숨어있다고? 141
원근법의 원리 143
한 수 위의 원근법 144
우리 조상들이 사용한 역원근법 148

작가의 말

눈속임의 천재
곡선과 직선

선들이 신기한 마술을 부린다고?

이 그림은 영국의 화가인 브리짓 라일리가 그린 그림이에요.
보면 어떤 느낌이 드나요?

"점점 깊숙히 들어가는 것 같아요."
"가운데 까만점으로 내려가고 있어요."

"미끄럼틀 같아요."

혹은 "어지러워요." "속이 메슥거려요."라고 말하는 친구도 있을 거예요.

굵기가 다른 곡선을 그려놓은 것 뿐인데 움직이고 있는 것처럼 보이죠? 그림이 마치 살아 움직이는 것 같은 착각을 일으키는 것 같고요.

이런 그림을 **옵티컬 아트** 또는 줄여서 **옵아트**라고 해요.

이렇게 기하학 형태라든가 색이 가진 힘으로 움직이는 것같은 착각을 일으키는 걸 과학용어로 빛 광(光) 자를 넣어서 광학(光學)이라고 하죠. 빛의 특징을 잘 이용해서 눈을 속이는 거예요.

와우~ 이거 재미 있겠다! 나도 옵아트를 하는 화가가 되어볼까?

알아보기

옵아트

단순하게 느껴지는 추상적 무늬와 색상을 반복해 표현해요.
보고 있으면 진짜로 화면이 움직이는 듯한 착각을 일으키는 미술이죠.
시각적인 착시 현상을 일으키는 것이 특징이에요.

옵아트의 대표작가인 브리짓 라일리는 점과 곡선만으로도 움직이는 듯한 그림을 그렸어요. 착각을 일으키는 그림이었죠. 처음에는 흰색과 검은색을 주로 그렸는데, 이후에는 다양한 색을 이용해 그리기도 했어요.

'어떻게 하면 사람들이 착각할 수 있을까?' 이런 고민을 정말 많이 했을 거예요. 그림으로 사람을 속이는 걸 연구하고, 직선과 곡선의 특징을 잘 알고 있었기에 가능했죠.

옵아트에서 빼놓을 수 없는 또 한 사람은 빅토르 바자렐리예요. 바자렐리는 옵아트의 작가 중에서 가장 창의력이 뛰어났어요. 그림을 한 번 볼까요? 뭔가 볼록 튀어나와 보이고 움직이는 듯한 착각이 들죠.

베가(직녀별)   얼룩말

이 작품의 제목은 〈베가〉라고 하는데 거문고자리에서 가장 밝은 별인 직녀별을 뜻하는 말이에요. 〈직녀별〉은 우리나라 한여름 밤에 볼 수 있는 별인데요, 어떤가요? 하늘에 빛나는 별 같나요?

오른쪽 그림은 얼룩말 두 마리가 볼을 맞대고 움직이는 것 같네요.

이렇게 삼각형과 사각형, 그리고 원이 어우러져 이전에 없던 새로운 그림을 만들었죠. 도형을 반복해서 그리는 게 아니라 수학적으로 계산해서 그렸기 때문에 가능했어요. 눈을 착각하게 하면 우리 뇌도 깜빡 속게 되거든요.

선을 하나 구부러뜨릴 때도 계산을 통해 나온 값을 이용했고, 한 그림 안에 들어가는 사각형 크기도 정확하게 재어서 그렸다고 해요. 실제 바자렐리의 작품 속에 가장 큰 사각형은 가장 작은 사각형의 10배가 넘기도 하죠.

그림을 확대해서 보면 선은 튀어나와 보이도록 곡선으로 그려져 있어요. 그 사이 빛들은 그림자를 만들어 더욱 입체적으로 보이고요.

움직이는 공처럼 그리기 위해서 빛과 그림자에 대한 고민과 연구를 했을 거예요. 작가가 선과 사각형, 삼각형, 원과 같은 도형에 대한 원리를 정확하게 알고 있었기에 이런 그림을 완성할 수 있었겠죠?

평면 속에 정지된 그림이 아니라 영상을 보는 것처럼 살아 움직이는 그림을 그려보고 싶었기 때문이죠.

그래서 직선과 곡선, 면을 주인공으로 해서 옵아트라는 새로운 미술이 창조된 거고요.

직선과 곡선은 우리의 눈을 속여 움직이는 것처럼 마법을 부리기도 하고 실제와 다르게 보이도록 장난을 치기도 한답니다. 그걸 **착시현상**이라고 해요.

우리를 깜짝 놀래키는 착시현상

기둥은 4개일까요? 3개일까요? 정답은 3개도 아니고, 4개도 아닙니다. 이런 걸 선이 만들어낸 **착각 효과**라고 해요.

선분 AB의 길이를 비교해볼까요?

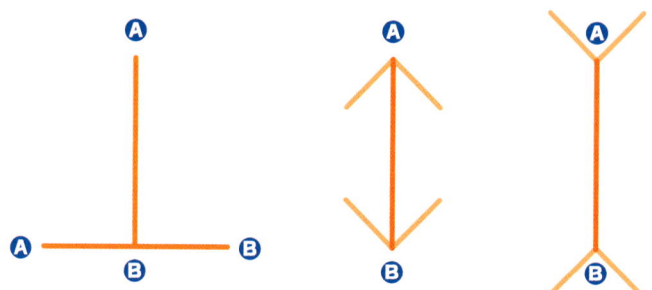

여기 있는 선분 중에 어떤 것이 가장 길게 보이나요? 자로 직접 재보며 알 수 있지만, 선분 네 개는 모두 같은 길이예요! 하지만 선분에 맞닿은 다른 선 때문에 길이가 다르게 보이는 착각을 하게 돼요. 아이쿠 깜박 속았죠?

또 다른 예를 들어볼까요?

똑같은 간격의 평행선을 그려 넣은 다음, 그 사이에 비스듬한 사선을 방향이 서로 다르게 그려 넣어볼까요?

자, 어떤가요? 평행선이 비뚤어진 것처럼 보이지 않나요?

이번에는 수직선 두 개를 그려놓고 사이에 대각선을 그려볼 게요. 하나는 중심점을 가운데에 두고 가운데 중심점에서 시작되는 직선을 그리는 거예요. 다음에는 중심점을 수식선 밖에 두고, 점에서 시작되는 선들을 만들어 볼게요. 과연 어떻게 될까요?

중심점이 가운데 있을 때는 수직선이 밖으로 휘어 볼록해진 것처럼 보이죠. 반대로 중심점이 밖에 있을 때는 안으로 휘어 홀쭉해지고요. 이렇게 우리 눈은 생각보다 쉽게 착각에 빠지게 된다니까요.

착시현상은 뇌가 하는 착각!

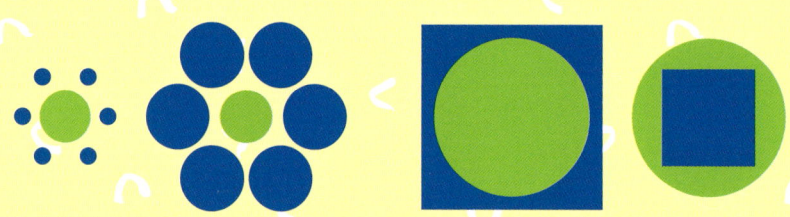

착시 현상이 나타나는 이유는 뇌가 착각하기 때문이에요. 앞서 도형의 길이나 면적, 각도에 따라서 실제와 다르게 보이는 것을 **기하학적 착시**라고 하죠.

착시의 종류에는 거리에 의한 착시, 밝기나 빛깔의 대비에 의한 착시가 있어요.

이때 정보에 오류가 나거나 완전하지 않을때 착시현상이 나타나는 거에요. 그럼 뇌는 왜 이런 착각을 일으킬까요? 그건 뇌에 잘못된 정보가 전달되기 때문이에요.

착시가 일어나는 과정
우리가 어떤 물체를 본다. ⇒ 각막이 빛을 받아들여 수정체에서 굴절이 일어난다. ⇒ 유리체를 거쳐 방막에 상이 맺힌다. ⇒ 이렇게 전달된 시각정보가 뇌에 전달된다.

직선과 곡선이 만든 세상

우리는 직선과 곡선의 세상에서 살고 있다고 해도 틀린 말은 아닐 거예요. 주변을 둘러보세요. 아파트, 책, 상자, 문, 냉장고, 젓가락 등은 직선이고, 바퀴, 구슬, 공, 동전 등은 곡선이에요.

우리는 자연 속에서도 선을 많이 만날 수 있어요. 하늘과 맞닿은 땅은 어때요? 또 바다와 맞닿은 하늘도 있죠. 이런 걸 수평선이라고 불러요. 땅 위로 솟아오른 나무는 어떤가요? 이건 수직선이라고 하죠.

우리 자연 속에 있는 수평선을 보면 마음이 편안해지고 수직선을 보면 뭔가 분리된 것 같은 느낌이 들어요. 그래서 수직선은 때로 뭔가를 강조하는 것처럼 보이기도 하고요.

그런가 하면 산을 볼 때는 어떤가요. 비스듬한 사선을 보면 가파른 언덕길을 오르는 것 같아 힘들게 느껴지죠.

똑같은 풍경이나 정물을 그려도 선이 어떻게 그려지는지에 따라 느낌이 달라지는 거 알고 있나요?

선에는 실선, 점선, 추상적인 선이 있어요. **실선**은 두 개의 꼭짓점을 연결해 만든 직선을 뜻하는 말이에요.

직선을 긋지 않고 점으로 끊어지듯 연결해 놓은 것을 **점선**이라고 하고요.

끝으로 **절선**이라는 게 있어요. 삐뚤빼뚤하게 이어지는 선이에요. 절선은 두 가지의 힘이 한 번씩 작용하는 선인데요, 각도에 따라 다른 다양한 느낌을 주게 돼요.

선들로 이루어진 세상. 선은 예술작품이 되고 우리 주변에 디자인이 되기도 하며 건축과 생활용품이 되기도 하죠.

자, 직선과 곡선을 활용해 여러분은 무얼 만들고 싶나요?

난 직선으로만 그릴꺼야.

세상이 멋지고 아름다운 이유
황금 비율

최고의 비율은 무엇일까?

이 그림은 르네상스를 대표하는 유명한 예술가인 산드로 보티첼리가 그린 〈봄〉이라는 작품이에요.

중앙에 주황색 망토 자락을 잡고 있는 여인이 비너스고 그 옆에는 다른 여자들과 남자도 있네요. 머리 위에는 아기 천사 큐피드도 보이고요

비너스는 로마 신화 속 여신으로 사랑과 아름다움, 풍요의 여

신으로 보티첼리 말고도 많은 예술가들이 비너스를 주인공으로 그림을 그리고 조각도 만들었어요.

화가와 조각가들은 비너스를 가장 예쁘게 표현하기 위해 고민했어요.

'키는 크게 할까? 작게 할까?'

'얼굴은 둥글게 할까? 길게 할까?'

보티첼리가 아름다운 비너스를 그리기 위해 고민한 건 무엇이었을까요? 몇백 년이 지난 지금도 전 세계 사람이 감탄하는 명작을 남기게 된 비밀, 바로 **비율**이었어요.

알아보기

비율

비율은 일정한 양이나 수에 대한 다른 양이나 수의 비를 의미해요. 쉽게 생각하면 나누기가 되지요. 비율은 소수로도 쓸 수 있고 분수로도 쓸 수 있어요.

비율 = 비교하는 양 ÷ 기준량

예) 사과 7개의 크기를 비교하기 위해 배 10개를 기준으로 할 때 사과 7개를 비교하는 양, 배 10개를 기준량이라 한다.

비교하는 양 : 기준량 = 7 : 10

르네상스 시대 화가들은 '도대체 몇 대 몇의 비율로 그릴 때 가장 아름다울까?' 연구했어요. 그리고 실제 비율에 따라 그림을 그렸어요. 또 아름다운 사람을 데려와 몸을 자와 컴퍼스로 재면서 그렸다고 해요.

그렇게 해서 알게 된 게 **황금비율**이에요.

아름다움과 안정감을 느끼는 가장 조화로운 비례는 대략 1:1.618의 비율로 이루어졌어요. 황금비율은 건축과 조각, 그림, 공예에서도 찾아볼 수 있어요.

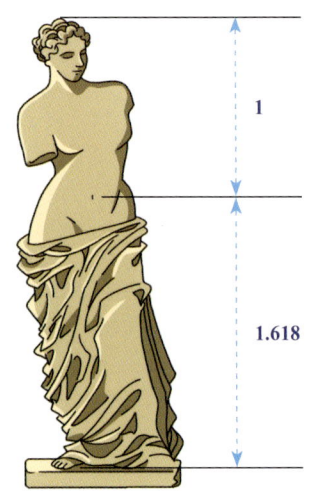
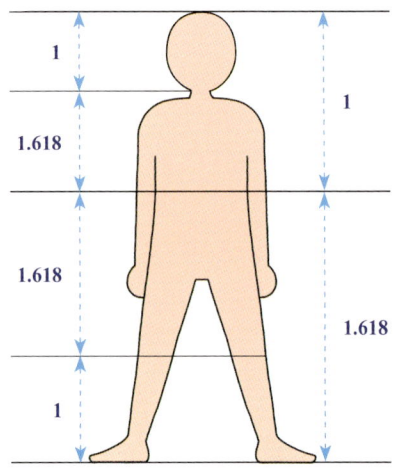

〈밀로의 비너스에 나타난 황금비율〉

'비너스'라는 제목을 가진 조각상은 높이가 2.02미터(m)예요. 그런데 머리부터 발끝까지 얼굴 크기로 나누면 8로 분할되는데 8등신 미녀의 기준이 된답니다. 여기서 머리에서 배꼽까지 길이를 1이라고 한다면, 배꼽에서 발끝까지 길이가 1.618로 황금비율에 정확히 맞춰 만들어졌어요. 정말 놀랍죠?

황금비율을 찾은 사람들

황금비율이라는 말이 어디서 나왔을까, 유래를 찾다 보면 아주 유명한 수학자가 나와요. 바로 그리스의 수학자, 피타고라스예요.

피타고라스는 모든 답을 숫자에서 찾았어요. 물론 아름다움도 숫자에 있다고 생각했어요. 아름다움을 어디서 찾을까 고민하다가 별에서 찾았다고 해요.

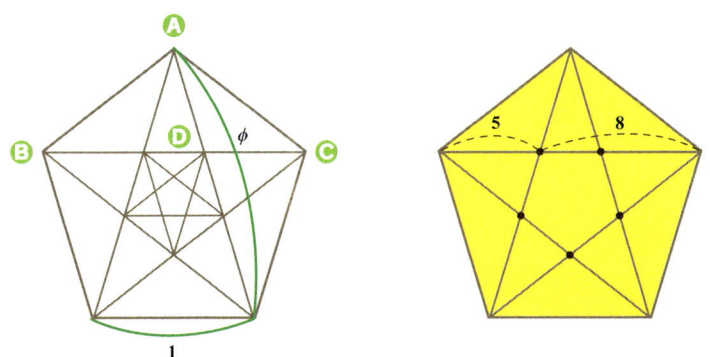

정오각형 안에서 선을 이어보면 별이 만들어지죠. 그리고 또 다른 정오각형도 생겨요. 그런데 여기서 짧은 변과 긴 변의 길

이를 재서 비율을 찾아보면 5:8이 되는데요, 이것을 나누면 다시 비슷해지거든요!

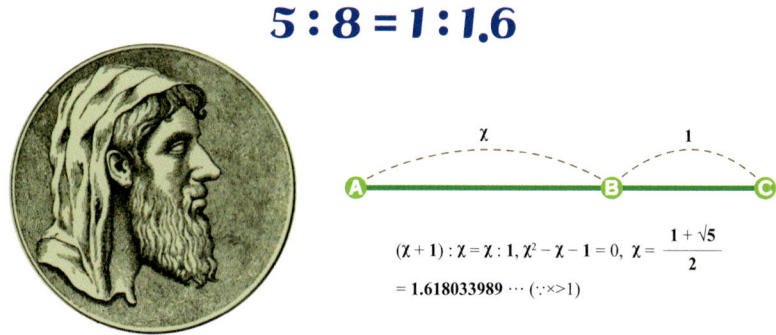

〈피타고라스의 황금비〉

황금비를 이론으로 만든 사람은 그리스의 수학자 유클리드예요. 유클리드는 직선을 둘로 나눴을 때 가장 아름답고 안정적인 지점을 발견하게 돼요.

짧은 선분 : 긴 선분 = 긴 선분 : 긴 선분 + 짧은 선분

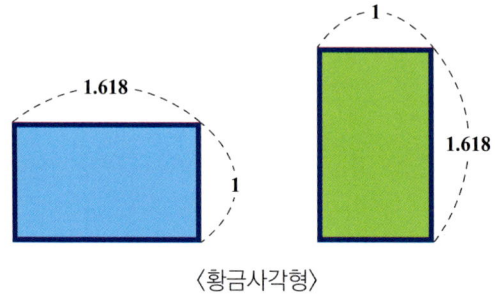

〈황금사각형〉

이렇게 해서 생긴 비율은 1:1618033989가 되는데요, 여기서 소수 셋째 자리까지만 나타낸 1.1618을 황금비율로 사용하게 된 거죠.

수학을 사랑한 천재 미술가 레오나르도 다 빈치도 황금비율을 연구했어요. 아름답다고 느꼈던 것을 수학 계산으로 찾았다고 해요.

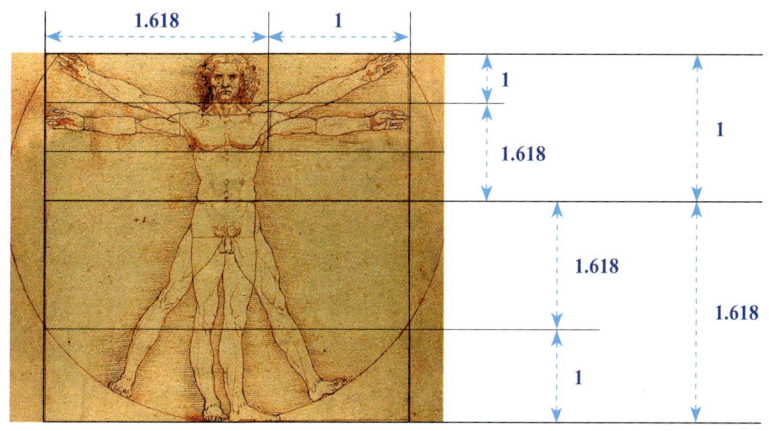

〈비트루비우스적 인간 - 인체 비례도〉

그렇다고 황금비율이 절대적인 미의 기준이라고 말할 수는 없어요. 왜냐하면, 아름다움은 개인의 생각에 따라 얼마든지 다를 수 있으니까요.

그래도 놀라운 건, 아름다움도 비율에서 찾아내려는 수학자들의 호기심이에요. 뭐든 수로 계산해, 답을 만들어내려 했던 수학자들의 노력 때문에 황금비를 찾게 되고 멋진 작품들도 만들어지게 된거죠.

자연에도 존재하는 황금비율

황금비율은 자연 속에도 있어요. 소나무 솔방울이나 선인장, 파인애플은 물론 꽃과 달팽이에서도 황금비율을 찾을 수 있거든요.

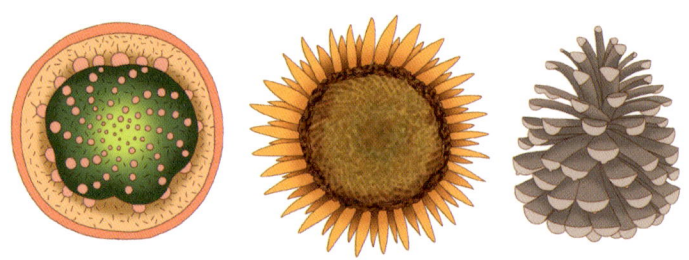

1900년대, 옥스퍼드대학의 식물학자가 해바라기꽃 속에서 씨를 보다가 깜짝 놀라는 일이 생겼어요. 점들을 이어봤더니 어떤 곡선이 나왔어요. 이것을 황금나선, 그리고 피보나치 수열이라고 해요.

이탈리아 수학자 피보나치가 발견한 **피보나치 수열**은 토끼의 번식과 관련된 재미있는 문제에서 시작됐어요.
"갓 태어난 토끼 한 쌍은 2개월 후부터 매달 한 쌍의 토끼를 낳습니다, 새로 태어난 토끼도 마찬가지입니다. 암수 토끼 한 쌍이 죽지 않고 계속 번식한다고 하면, 1년 뒤에는 모두 몇 쌍의 토끼가 될까요?(단 토끼는 죽지 않는다는 가정입니다)"

문제를 그림으로 정리해볼게요.

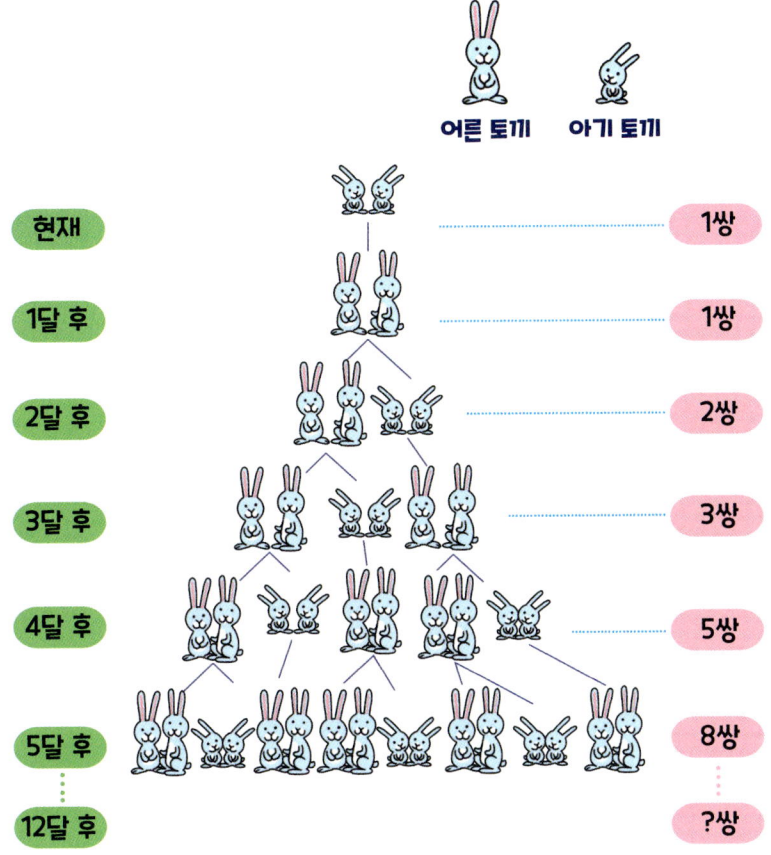

한 쌍을 1이라고 가정하고 계산을 한다면

1, 1, 2, 3, 5, 8, 13, 21……. 수가 나열되죠. 아! 벌써 눈치 챘나요? 피보나치 수열이 생기는 규칙을 보면 두번 째까지는 1이고 세 번째부터는 앞의 두 개를 더한 값이 된다는 걸 알 수 있어요.

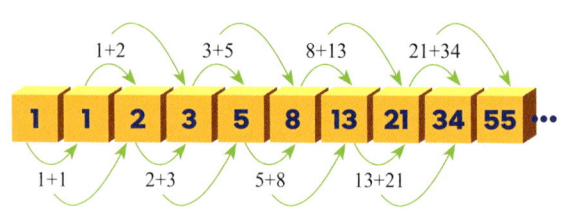

ratio	valus
1/1	1.00000
2/1	2.00000
3/2	1.50000
5/3	1.66667
8/5	1.60000
13/8	1.62500
21/13	1.61538
34/21	1.61905
55/34	1.61765
89/55	1.61818

이렇게 어떤 규칙에 따라 차례대로 이어지는 수의 열을 **수열**이라고 불러요. 이것을 발견한 피보나치의 이름을 따서 피보나치의 수열이라고 하죠.

이 수열 역시도 황금비율을 활용해서 수학적 계산을 한 거예요. 표에 보이는 것처럼 피보나치 수열을 기준으로 비율을 계산해보면 값이 점점 황금비율에 가까워지는 걸 알 수 있거든요.

황금분할로 이루어진 황금나선

가로 세로가 1인 정사각형에 다시 1인 정사각형을 붙이고, 여기에 가로, 세로 2인 정사각형을 붙여서 정사각형을 만들어요.

이렇게 만들어진 정사각형마다 4분의 1로 회전해 그 안에 곡선을 그려 연결하면 달팽이 모양의 나선이 생겨요.

이걸 **황금나선**이라고 불러요.

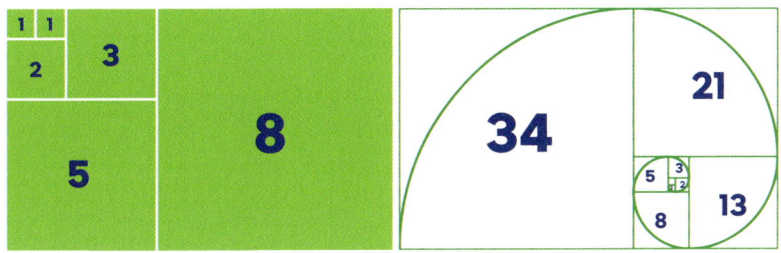

그 이후 식물학자들은 자연의 이곳저곳에서 피보나치 수를 찾아냈죠. 또 자연의 생물들과 하늘에 흘러가는 구름에서도 수를 찾고, 황금나선을 찾았어요.

우리나라에도 황금비가 있다고?

황금비는 서양에만 있는 게 아니에요. 우리 전통 건축물인 탑과 불상에서도 찾아볼 수 있거든요.

대표적인 것이 신라시대 만들어진 불국사의 석가탑이에요.

우리나라의 대표적인 3층 석탑인데 여기서도 황금비를 찾을 수 있죠.

그리고 석굴암과 첨성대는 금강비 1:1.1414를 적용하여 지었어요. 서양 건축의 황금비처럼 우리의 금강비도 안정적 구도로 아름다움을 가장 잘 나타낼 수 있는 비율이거든요.

아주 오래전, 우리 선조들도 건축과 조각에서 아름다운 비율을 고민했다는 사실이 놀랍고 또 존경스러워요.

불국사나 첨성대를 가게 되면 눈으로 직접 확인해보세요!

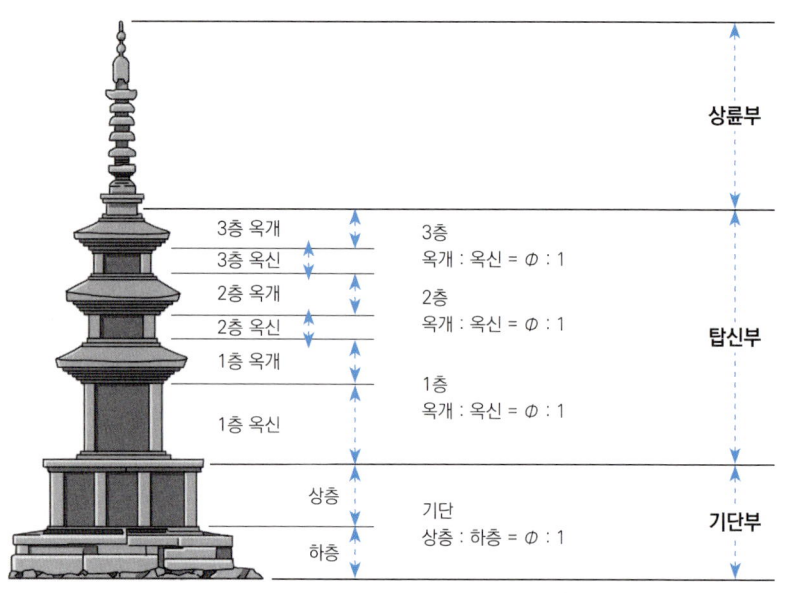

〈탑 모양과 옥개와 옥신 / 상층기단 하층기단〉

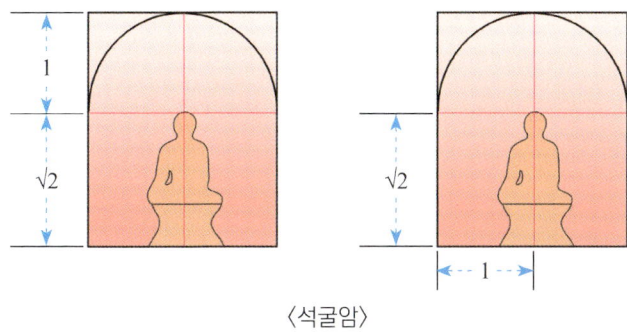

〈석굴암〉

수학이 그림이나 조각은 물론 건축물을 아름답게 만드는 데 활용되다니 앞으로 열심히 해야겠죠?

행운일까? 수학일까?
확률

우리는 확률 속에서 살고 있어요!

카드를 손에 들도 테이블에 마주 앉은 두 남자의 표정이 아주 심각해 보이네요. 이 그림은 빈센트 반 고흐와 폴 고갱과 같이 후기 인상주의를 이끌었던 화가인 폴 세잔이 그린 〈카드놀이 하는 사람들〉이에요.

한 사람은 심각한 표정으로 카드만 뚫어져라 보고 있고 다른 남자는 파이프를 물고 고민하는 것 같죠? 두 사람은 아무 말도 하지 않고 자기 카드만 보고 있어요. 그림 속에 보이는 두 남자는 큰 내기를 하고 있는 건지도 몰라요.

이럴 때 원하는 카드를 받을 방법은 없을까요?
52장의 카드 중에서 원하는 카드를 갖는 건 쉬운 일이 아니에요. 과연 얼마나 어려운 일일까요? 그걸 숫자로 표현하는 걸 **확률**이라고 해요.
"스페이드 1장과 하트 1장, 다이아몬드 1장 그리고 클로버 1장을 섞은 4장의 카드 중에서 1장의 카드를 뽑았을 때, 하트가 나올 확률은 어떻게 될까요?"
확률은 어떤 사건에서 하나의 결과가 나올 수 있는 경우의 수를 정리한 거예요. 그러니까 가능한 모든 경우는 카드가 4개니까 4라고 하면 돼요. 그중에서 하트를 뽑을 경우는 한 번뿐이겠죠? 그래서 정답은 4분의 1이 됩니다. 아주 간단하죠?

우리는 생활 속에서 많은 확률을 만나고, 확률 속에서 살고 있어요. 아침에 일어나서 일기예보의 비 내릴 확률을 보고 우산을 챙기기도 하고, 새 학년이 되어 친구와 같은 반이 될 확률을 기대하기도 하죠. 아빠는 8,140,00분의 1 확률의 로또 당첨을 기대하며 복권을 살지도 모르고요.

친구들과 주사위 놀이를 할 때 6이 나올 확률은 6분의 1이고, 윷놀이에서 모가 나올 확률도 6분의 1이죠. 축구경기에서 승부차기 성공 확률은 70퍼센트(%)이고, 벼락에 맞을 확률은 28만 분의 1일이라고 해요.
이밖에도 우리 실생활에 어떤 확률이 있는지 찾아보세요~

 알아보기

확률

하나의 사건이 일어날 가능성을 수로 나타낸 거예요. 같은 원인이나 조건에서 특정한 결과가 나오는 비율을 뜻하는 말이에요.
어떤 사건이 '우연히' 일어날 가능성을 따지는 것으로 통계라는 말의 영어, Probability를 줄여 P로 나타내기도 해요. 여기서 '우연히'란 사건이 자주 일어나도록 조작하지 않고 자연 그대로 상태를 뜻하죠.
예를 들어 주사위를 굴린다면, 특별한 숫자가 더 잘 나오도록 조작하지 않았을 때를 말해요. 똑같은 조건에서 특정 숫자가 나올 가능성을 따지는 것이 확률이에요.

확률과 친해지는 연습문제

자, 확률에 대한 쉬운 질문을 할 테니 맞혀보세요.

$$P(어떤\ 사건) = \frac{그\ 사건이\ 발생하는\ 경우의\ 수}{가능한\ 모든\ 경우의\ 수}$$

육면체 주사위를 굴려 3이 나올 확률을 구한다고 했을 때 여기서 주사위를 굴린다는 것이 중요한 사건이에요. 가만히 있으면 구르지 않으니까요. 우리는 이미 육면체 주사위에 여섯 개의 숫자가 적혀있다는 것과 주사위를 굴리면 여섯 개의 숫자 중 하나가 나온다는 것도 알고 있어요.

이럴 때 모든 가능성의 수는 6이라고 하고, 3이 나올 확률은 전체의 1이 되니까, 확률은 6분의 1이 되는 거예요.

그럼 문제를 풀면서 확률에 대해 더 배워볼까요?

문제 1] 병 안에 파란 구슬이 4개, 빨간 구슬이 5개, 초록 구슬이 11개 들어있어요. 구슬을 하나 뽑았을 때 빨간 구슬을 뽑을 확률은 얼마일까요?

'빨간 구슬을 고른다'는 것이 우리가 정한 사건이에요. 이때 가능한 모든 가능성의 개수는, 병 안에 들어있는 구슬 개수와 같아요.

$$4개 + 5개 + 11개 = 모두\ 20$$

이것을 나누기로 표시하면 이렇게 되겠지요.

$$\frac{5개}{4개\ 5개\ 11개} \qquad \frac{5}{20} = \frac{1}{4}$$

확률은 모든 경우의 수를 정리한 것이므로 4분의 1이 되는 거예요.

문제 2] 만약, 스페이드 2장 하트 2장 다이아몬드 2장 클로버 2장을 잘 섞은 8장의 카드 중에서 2장의 카드를 뽑을 때, 2장 모두 하트가 나올 확률은 어떻게 될까요?

8장의 카드에서 2장의 카드를 뽑을 때 카드 순서는 상관이 없어요. 첫 번째 뽑을 수도 있고, 두 번째 뽑을 수도 있죠. 그렇다면 카드 2장을 뽑는 모든 경우의 수를 먼저 계산해볼게요. 모든 카드는 8장이기 때문에 한 장의 카드를 뽑을 확률은 전체 8분의 1이에요. 그리고 나머지 중에 또 하나를 뽑을 확률은 한 장을 제외한 7분의 1이 되죠.

그렇게 하면 7 × 8 = 56이 나오니까 56분의 1이라고 생각할 수 있어요.

하지만 과연 맞을까요? 하트 모양은 첫 번째 조합에서 한 장, 다음 조합에서 한 장 뽑는다는 걸 기억해야 해요.

그래서 56번을 반복해서 하트 카드를 두 장 뽑을 경우는 2번이 되는 거죠. 공식에 맞춰 보면 56분의 2는 28분의 1이 되기 때문에 정답은 28분의 1이 됩니다.

오랜 확률의 역사

확률을 처음 연구한 건 16세기 초, 카드게임 같은 도박에서 이길 가능성을 따져보기 위해서라고 해요.

이탈리아의 수학자이면서 도박사로 알려진 카르다노는 게임에서 이기기 위한 확률을 연구해 〈확률 게임에 대한 책〉을 내기도 했어요.

그리고 1654년 재밌는 일이 일어나요. 슈발리에 드 메레라는 사람이 당시 유명한 수학자였던 파스칼에게 편지 한 장을 보내는데 내용은 이렇죠.

> **친애하는 파스칼!**
>
> 나는 다음과 같은 문제에 빠져있네.
> 실력이 비슷한 두 사람이 내기를 했다고 생각해보게.
> 먼저 세 번 이긴 사람이 64 피스톨을 갖기로 했는데
> A가 두 번 이기고 B가 한 번 이긴 상태에서
> 시합이 중단되었단 말이야.
> 이런 경우, 피스톨을 어떻게 나눠 가져야 할지 고민이네.
> 파스칼, 당신은 똑똑한 수학자가 아닌가.
> 이 문제를 어떻게 해결하면 좋을지 답을 해주게.

이것은 **드 멜레의 수수께끼**로 잘 알려져 있어요. 이 편지를 받고 파스칼은 답을 알려주고 싶어서 또 다른 수학자인 피에르 페르마와 머리를 맞대고 해결책을 찾기 시작하죠. 그리고 확률이라는 수학 이론을 만들었어요.

A가 이길 확률

(4회전에서 이길 확률) + (4회전에서 지고 5회전에서 이길 확률)

$$\frac{1}{2} + \frac{1}{2} \times \frac{1}{2} = \frac{3}{4}$$

B가 이길 확률

(4회전에서 이기고 5회전에서도 이길 확률)

$$\frac{1}{2} \times \frac{1}{2} = \frac{1}{4}$$

세 번 이겨 64개 피스톨을 갖기로 했는데, A가 두 번 이겼고, B는 한 번 이겼죠.

중단된 경기를 다시 시작할 때를 4회전이라고 하면, 여기서 A가 이기면 경기는 끝나게 돼요. 더 고민할 필요도 없어요.

그런데 만약 B가 이겼을 경우를 고민해야 해요. B가 이기면 다시 5회전을 시작하게 하니까요. 이러면 두 사람의 승리 횟수가 같아집니다. 2대2로 동률이 되는 거죠. 그렇다면 5회전에서 이기는 팀이 우승하게 되거든요!

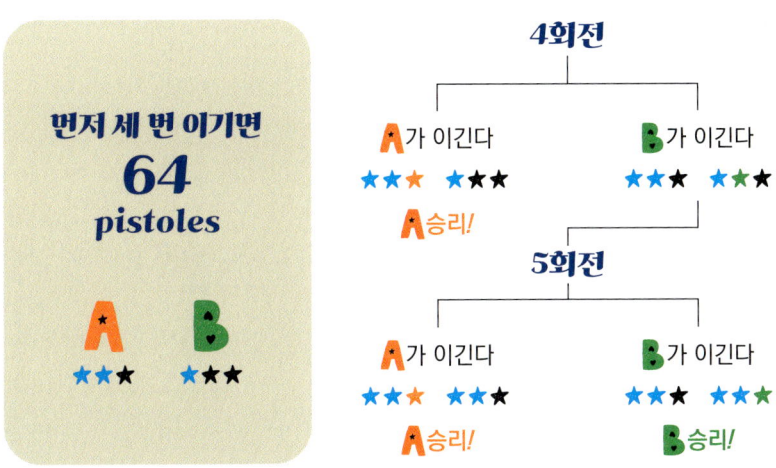

그럼 3회전이 끝난 뒤, 이길 확률을 하나씩 계산해볼게요. 먼저 A가 이길 확률은, 4회전에서 이길 확률에 4회전에서 지고 5회전에서 이길 확률을 더하면 되거든요. 그렇게 계산하면 4분의 3이 돼요.

또 B가 이길 확률을 계산하면 4회전에서도 이기고, 5회전에서도 이겨야 해요. 이것을 계산하면 4분의 1이 되겠죠?

A가 이길 확률 = $\dfrac{3}{4}$ B가 이길 확률 = $\dfrac{1}{4}$

A가 가질 피스톨   **B가 가질 피스톨**

$64 \times \dfrac{3}{4} = 48$ $64 \times \dfrac{1}{4} = 16$

그럼 4분의 3과 4분의 1을 기준으로 두 사람이 64개의 피스톨을 나눠 가지면 되는데요. 계산하면 A는 48개를, B는 16개를 가져가면 된답니다. 이해가 됐나요?

다시 설명하면, 4회전에서 A가 이긴다면 A는 3번 이겼기 때문에 64피스톨을 다 가지면 되겠죠? 그런데 B가 이긴다면 A도 2번, B도 2번 이긴 셈이므로 비기게 되어 각각 32피스톨씩을 가지면 되는 거예요.

그런데 5회전에서는 이길지 모르고 A와 B 두 사람의 솜씨가 비슷하니까 이기거나 질 확률은 반반이 되는 거고요.

그러므로 A에게 32피스톨을 먼저 주고 그 나머지의 반인 16피스톨을 더 주면 되는 거예요.

결국, A는 48피스톨을, B는 16피스톨을 가지는 것이 가장 좋겠죠?

수학자는 정말 도박을 잘 할까?

가끔 영화를 보면 수학자들이 도박에서 이기는 모습이 나오기도 하죠. 모든 수학자가 그런 것은 아니겠지만 확률을 알면 도박에서 돈을 딸 가능성이 높다고 해요.

미국 캘리포니아주립대 수학자 에드워드 솔프는 블랙잭이라는 카드게임에서 이기는 법을 연구하기도 했어요. 미국에 있는 부자들에게 1만 달러(약 1,200만 원)을 기부받아서 겨우 30시간 만에 두 배인 2만 달러로 만들어 줬다고 해요. 물론 수학 덕분이었죠. 확률을 계산해 도박에서 이겼거든요. 사람들은 깜짝 놀랐어요.

정말 수학은 안 쓰이는 곳이 없는 학문이에요. 수학자들은 세상을 볼 때 뭐든 진짜 수학으로만 생각하나 봐요. 별의별 연구를 다 하는 것 같죠?

뚱뚱해도 빼빼해도 다 괜찮아!
균형과 무게중심

누가 누가 더 무거울까?

그림 속에 여인이 들고 있는 건 뭘까요?

17세기의 네덜란드의 화가 페르메이르가 그린 이 그림의 제목은 〈저울을 든 여인〉이에요. 그래요, 여인이 들고 있는 것은 저울이에요!

그럼 저울로 뭘 하려는 걸까요? 책상에 있는 진주와 보석 그리고 여인이 나오는 이 그림을 〈금을 다는 여인〉 혹은 〈진주를 다는 여인〉이라고 부르기도 해요.

여인은 저울이 한쪽으로 기울어지지 않도록 저울의 중심을 잡고 있죠. 이렇게 평평해진 상태를 **수평**이라고 해요.

또 수평이 균형을 이루는 점을 **무게중심**이라고 불러요. 무게중심을 받치면 물체 전체를 떠받칠 수 있게 되죠.

그림 속에 저울은 수평을 이뤄 균형이 딱 맞네요.

페르메이르가 저울을 든 여인을 그림으로 그린 이유는 수학을 좋아했기 때문이라고 해요.

그림 속에 있는 천칭저울은 기원전 5000년경 고대 이집트 때부터 사용되었다고 해요. 이것을 양팔 저울, 평행저울이라고 부르는데 시소를 타는 모습과 비슷해요.

몸무게가 작은 아이와 어른이 함께 시소를 탄다고 한다면 어떻게 해야 할까요? 몸무게가 비슷해야 재미있게 탈 수 있으니까 어른 한 명에 아이들 둘이 올라탈 수도 있을 거예요.

아니면 한쪽으로 치우치지 않기 위해서 몸무게가 작은 아이가 뒤에 타기도 하죠. 이렇게 해야 균형이 잡히고 수평을 이룰

수가 있어요. 이것은 **지레의 원리**라고 하죠.

양팔 저울은 지렛대 중앙을 받침점으로 하고 양쪽 똑같은 위치에 접시를 매달아 놓으면 누구나 만들 수 있어요.

한쪽 접시에는 측정하려는 물건을 두고, 다른 한쪽에는 무게를 잴 수 있게 추를 올려놓고 지렛대가 수평을 이룰 때까지 맞춰 보는 거예요.

그렇게 일직선이 되어 양쪽 무게가 수평을 이뤘을 때 추 무게가 물체의 무게가 되는 거예요.

수평을 맞추는 비결!

수평이라는 말은 한자어예요. 물(水/수)의 위쪽 면과 같이 평평한(平/평) 상태라는 뜻이고요. '평'은 물체가 어느 한쪽으로 기울어지지 않고 평형을 이루고 있는 상태예요.

수평을 잡기 위해서는 물체의 무게와 받침점과 물체 사이의 거리를 따져 봐야 해요. 무게가 같은 물체일 경우 받침점으로부터 같은 거리에 위치해야 수평이 잡혀요. 무게가 다른 물체일 경우 무거운 물체가 가벼운 물체보다 받침점으로부터 더 가까운 거리에 있어야 해요. 시소를 탈 때처럼 말이에요.

수평 잡기 원리를 이용해 만든 것이 모빌이에요.

우리가 잘 알고 있는 모빌도 수평 잡기 원리를 이용해 만들었어요. 모빌은 두 개의 물체를 가는 철사나 실로 매달아 균형을 이루게 한 장난감이자 공예품에요.

무게가 다른 두 개의 물체를 매달기 위해서는 무게중심을 찾아야 수평을 이룰 수가 있어요. 무거운 건 가까이, 가벼운 건 먼 곳에 놓고 평평하게 수평을 이루게 하면 모빌이 되는 거예요.

모빌을 최초로 만든 사람은 조각가 알렉산더 칼더예요. 알렉산더는 모빌을 만들기 위해 무게중심을 찾았어요. 무게중심은 딱 한 군데에만 존재하기 때문에 정확히 찾는 게 중요하죠.

"나는 작은 끝부터 시작한다. 그리고 무게중심을 찾았다는 생각이 들 때까지 균형을 잡아간다."
- 알렉산더 칼더

 알아보기

균형

저울 양팔이 고르게 되어있는 상태, 이것을 한자어로 균형이라고 해요. 균형을 잘 잡으려면 똑바로 앞을 보고 양팔을 벌리면 돼요. 또 바닥이 닿는 면이 많을수록 균형을 쉽게 잡을 수가 있어요.

무게중심을 찾아라!

수평을 이루는 한 점을 무게중심이라고 해요. 평면도형에서도 무게중심을 찾아볼 수 있어요. 무게중심만 찾으면 어떤 물체라도 정확히 세울 수가 있죠.

가끔 지우개나 연필을 어딘가에 세워놓고 싶다면 바로 무게중심을 찾으면 되죠! 한번 해보세요.

사각형 무게중심 찾기

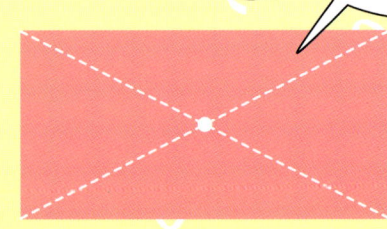

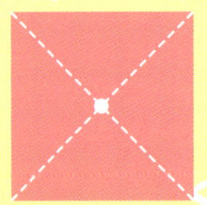

사각형의 무게중심을 찾는 건 아주 쉬워요. 꼭짓점과 꼭짓점을 연결해 대각선을 만들었을 때 2개의 대각선이 만나는 지점이 무게중심이 되거든요.

삼각형 무게중심 찾기

삼각형은 사각형보다는 복잡해 보이지만 어렵지 않아요. 꼭짓점에서 맞은편에 있는 변의 중심점까지 선을 그어 볼까요. 세 개의 꼭짓점이 있으니 세 개의 선이 생겨요. 이렇게 나오는 선을 중선이라고 부르는데, 이 중선이 지나가는 하나의 점, 이곳이 삼각형의 무게중심이 되는 거예요.

이번엔 비대칭 다각형의 무게중심을 찾아볼게요. 집에서도 할 수 있으니 도화지 정도 두께의 종이와 실, 추, 핀을 준비해보세요.

다각형 무게중심 찾기

실 한쪽에 추를 달아 다각형 한쪽에 고정하고, 추가 아래로 떨어지는 지점까지 선을 줄로 그어 보세요. 위치를 다르게 해서 반복해 긋다 보면 하나의 점이 생길 거에요. 선들이 만나는 하나의 교점, 여기가 무게중심이에요! 그렇게 찾은 무게중심을 뾰족한 곳 위에 올려보세요. 신기하게 떨어지지 않아요.
이렇게 무게중심만 찾으면 정확하게 균형을 찾을 수 있어요.

지렛대와 도르래는 의좋은 형제

지렛대는 작은 힘으로 무거운 물체 등을 움직이는 도구예요. 기다란 막대를 받치는 고정된 받침점이 있고, 힘이 작용하는 힘점이 있어요. 그렇게 힘이 작용하면 막대 하나로 무거운 물건도 들 수 있게 되거든요.

막대는 **지레**라고 해요. 막대를 받치고 있는 지점은 **받침점**이고요. 힘을 가하는 지점을 **힘점**, 지레가 움직여 물체에 힘이 작용하는 지점은 **작용점**이에요.

유도에서 한판승에 성공했다면 지렛대의 원리 때문이에요. 키가 작은 선수라도 지렛대 원리를 이용한다면 자기보다 큰 선수를 가볍게 날려 버릴 수가 있죠.

우리가 자주 쓰는 가위도 지레의 원리를 이용해 만든 도구예요. 손잡이가 힘점이 되고, 손잡이가 엇갈리는 중간 부분이 받침점이 돼요. 물건을 자르는 날 부분이 작용점이 되겠죠?
가위의 힘점에 힘을 주면, 힘이 받침점을 지나 작용점에서 물건을 자르게 돼요. 가위를 쓰면 작은 힘으로 물건을 쉽게 자를 수 있어요.
지레의 원리를 이용한 도구에는 시소, 병따개, 핀셋, 장도리, 젓가락, 종이찍개(스테이플러)도 있어요.

무게중심은 지렛대와 도르래에도 있어요. 도르래는 지렛대에서 힘이 작용하는 작용점 방향을 바꿔 물건을 움직이게 하는 도구예요. 위치가 고정됐는지, 움직이는지에 따라 이름이 달라요. 또 두 가지 원리를 섞어서 만든 복합 도르래도 있어요. 고정 도르래를 사용할 때는 물건이 가벼워지지는 않아요. 그냥 방향을 바꿔 위로 올리기만 하거든요. 태극기 게양대가 고정 도르래예요.

움직도르래는 지렛대의 원리를 이용해 힘이 덜 들게 만들어요. 그렇다면 방향도 바꾸면서 힘도 덜 들게 하고 싶다면, 두 가지를 모두 사용하는 복합 도르래를 쓰면 되겠죠?

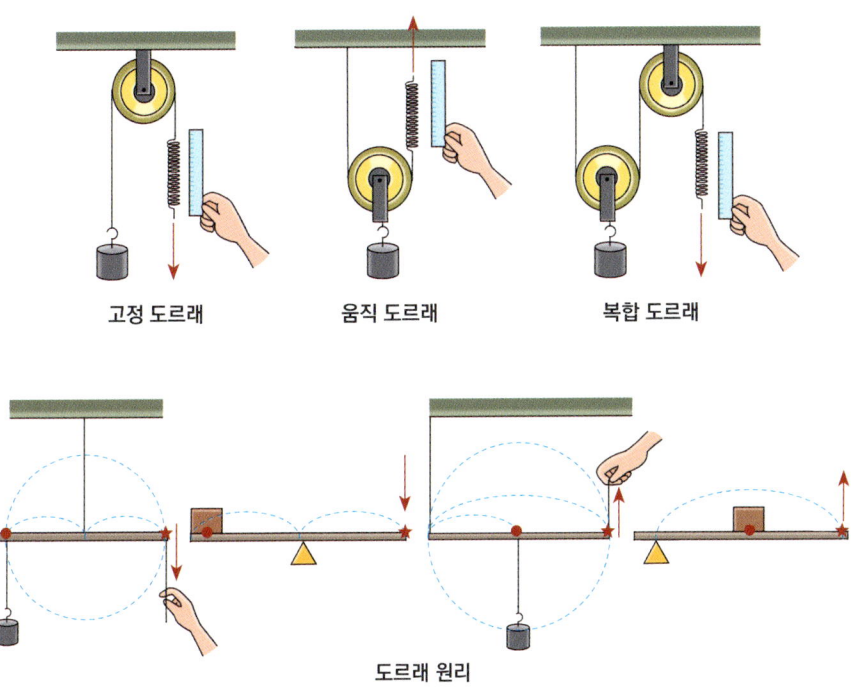

고정 도르래   움직 도르래   복합 도르래

도르래 원리

지구도 들어올릴 수 있는 아르키메데스

지렛대의 원리를 가장 먼저 발견한 사람은 수학의 천재 아르키메데스라고 해요. 고대 그리스의 수학자면서 물리학자였던 아르키메데스는 지렛대의 원리를 발견하자마자 너무 기뻐하며 왕에게 달려갔어요.

그리고 "긴 지렛대와 지렛목(받침점)만 있으면 지구라도 들어 보이겠습니다!"라고 큰소리를 뻥뻥 쳤죠.
사람들은 아르키메데스가 정신이 나갔다고 생각했어요. 히에론 왕은 아르키메데스를 시험하기로 했어요.

어느 날, 왕은 해변 모래톱에 큰 배를 끌어다 놓았어요. 그리고 이렇게 명령했죠.
"군사들을 가득 태워라!"
그런 다음 아르키메데스를 불러 막대 하나를 주고는 배를 물 위에 띄워 보라고 말했어요. 어떻게 됐을까요?

결론은 성공이었어요. 지렛대를 응용한 도르래를 사용해서 이 일을 아주 쉽게 해냈다고 해요.

무게중심만 잘 찾으면 무거운 것도 들 수 있다니 정말 놀랍죠? 이것이 모두 **힘의 원리**라고 해요.
힘을 찾는 건 물리라는 과학이 필요해요. 수학도 물리도 우리 생활 속에 필요한 재미있는 학문이에요. 그러니 친해져야겠죠?

동글동글 원이 가진 비밀
원주율

원이랑 원주율은 짝꿍이에요

이 그림 안에는 수학 기호가 숨어있답니다. 같이 한 번 찾아볼까요? 눈동자 안에 동그란 원도 보이고, 길쭉한 직선도 보이네요. 그리고 그림 가운데 기호 같은 건 수학에서 원주율이라고 불리는 **파이(π)**에요. 그림 속 파이(π)가 춤을 추듯 뽐내고 있네요. 왜 파이(π)를 그렸을까요?

이 그림을 그린 작가는 호안 미로라는 스페인 화가예요. 호안 미로는 그림 안에 언제나 동그라미, 원을 그렸어요. 곡선으로 이어지는 부드러운 선들은 다시 원이 되어 그림을 채웠죠. 개구쟁이 아이가 낙서한 것처럼 말이에요.

미국 애니메이션 심슨 가족(The Simpsons) 시즌 29에서도 이 그림이 나와요. 호머 심슨이 아예 그림 속에 들어가 있네요.

원을 좋아했던 호안 미로는 빙글빙글 원을 그리다가 원주율도 그려 넣었어요. 그렇다면, 원주율, 파이(π)는 무엇일까요? 파이(π)는 초등 6학년에 처음 만나게 되는 수학 기호인데, 원이 가진 중요한 성질 중에 하나이죠. 원주율이라는 말을 이해하기 위해서는 원주가 무엇인지부터 알아야 해요.

원주는 원을 이루는 둘레의 곡선을 뜻해요. 다시 말하면 원둘레라고 할 수 있죠. 원을 만들기 위해서는 원 안에 중심이 있어야 하는데, 그 둘레가 바로 원주가 돼요.

가운데 중심점에서 원주까지 거리는 모두 똑같겠죠? 이것을 반지름이라고 불러요.

지름, 반지름, 원주…. 이런 단어가 어렵다고 느껴진다면 아래의 그림을 한 번 보세요. 반지름이 1미터(m)인 원에서 둘레(원주의 길이)를 구해볼까요?

가위로 한 부분을 잘라서 펼쳐보면 얼마가 나올까요?

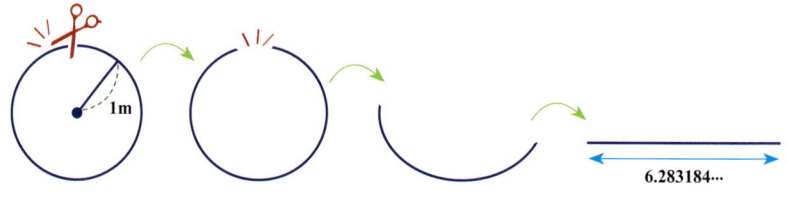

중심에서 원까지 반지름이 1미터(m)인
원을 잘라서 길이를 재어볼게요!

곡선인 원주를 잘라서 직선으로 펼쳤을 때 반지름이 1미터(m)인 원의 원주 한쪽을 잘라서 직선으로 펼쳐 길이를 재보면 원주의 길이는 6.283184…. 로 끝없이 이어지는 길이의 값이 나와요.

원주의 길이가 무한히 규칙 없이 반복되는 값으로 나오는 이유는 바로 π(파이), 즉 **원주율** 때문이죠.

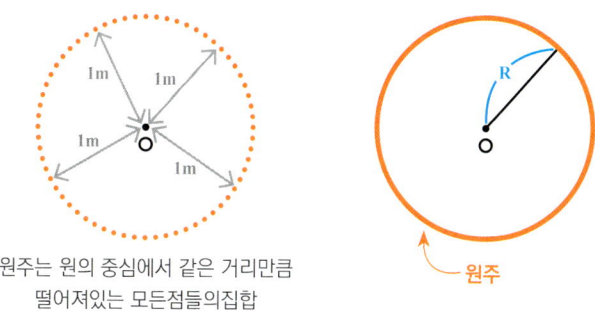

그렇다면 원주율은 또 뭘까요? 간단히 말하면, 원주율은 지름에 대한 원주의 비율이라고 할 수 있어요.

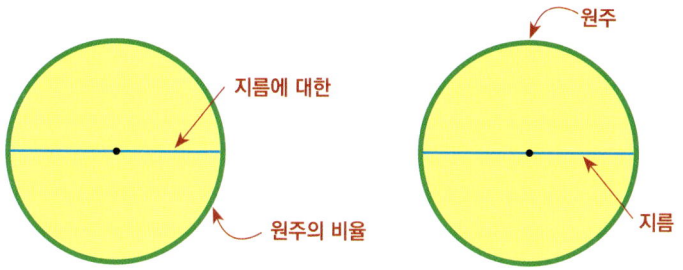

원주의 길이를 구할 때의 공식을 보고, 위치를 바꿔볼까요?

원주의 길이 = 원주율(π) x 원의 지름
=> 원주율(π) = 원주의 길이 ÷ 원의 지름

이처럼 원주율은 지름에 대한 원주의 비율이라고 할 수 있어요. 6학년 〈비와 비율〉 단원에서 비율은 비교하는 양을 기준량으로 나눠 구할 수 있다고 배웠어요.

여기서 기준량은 지름이기 때문에 **원주 ÷ 지름**을 하면 원주율을 구할 수가 있어요.

원주율의 값은 항상 똑같아

재밌는 이야기를 해줄게요. 아주 오래전, 고대 수학자들은 이 원주율이 항상 일정하다는 걸 알았다고 해요.

만약 지름이 같은데 원의 둘레 길이가 다른 원이 있다면 원주율이 다를 수도 있겠죠. 하지만 그런 원은 있을 수가 없어요!!!! 그래서 지름의 길이가 같다면 원의 둘레 길이는 항상 같을 수밖에 없어요.

단위 : 센티미터(cm)

원의 지름	1	2	3	4	5	…
둘레 길이	3.14	6.28	9.42	12.56	15.7	…

그렇다면 고대 수학자들은 어떻게 원주율의 값을 구할 수 있었을까요?

처음 원주율은 구한 건 고대 이집트와 바빌로니아에서였어요. 이때에는 원주율을 구하기 위해 원의 둘레를 직접 재어봤다고 해요. 그렇게 비율을 계산해서 값이 나왔는데, 정확하지 않아서 약 3.12에서 3.16 사이일 거라고 생각했어요.

시간이 지나 고대 그리스 아르키메데스는 다각형을 이용해서 원주율을 찾아봤어요. 원에 내접하는 다각형을 이용했죠.

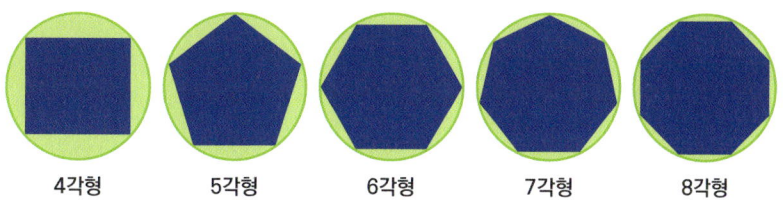

4각형   5각형   6각형   7각형   8각형

원 안에 다각형을 그려 넣으면서 생각했다고 해요. 원 안에 내접하는 다각형의 변의 길이가 늘어날수록 원의 둘레 길이와 같아지게 된다는 걸 알아냈죠. 이걸 이용해서 아르키메데스는 무려 96각형까지 계산을 해봤다고 하네요. 정말 대단하죠!

그런데 더 놀라운 건 그렇게 구한 원주율 값이 3.14163이었다고 해요. 진짜 원주율 3.141592…… 와 아주 비슷하게 나온 거죠.

 알아보기

원주율, 파이

파이의 값을 계산하면 이렇게 나와요. 3.14159265358979323846264338327950288419716939937510582097…. 하지만 너무 길어서 근삿값으로 보통 3.14를 사용하고 있어요.
그리스 문자 π로 표시하는데, 한국 발음으로는 '파이'라고 해요.
그리스어로 둘레를 뜻하는 페리메트로스(περιμετρος)의 첫 글자 π에서 땄다고 알려져 있어요. 처음 원주율을 파이(π)로 표기한 사람은 웨일스의 수학자 윌리엄 존스예요.

원주율을 특별한 날로 정한 사람들

이 파이(π) 때문에 수학자들은 3월 14일에 축제를 하기도 하고 진짜 파이를 먹기도 해요. 또 이날은 아인슈타인의 생일이면서 스티븐 호킹이 죽은 날이기도 해요. 매사추세츠 공대 MIT에서는 매년 합격자 발표를 3월 14일에 한다고 하네요.

동그라미는 모두 원일까?

호안 미로의 작품 속에는 동그라미가 정말 많이 나와요. 그런데 이 모든 동그라미가 다 원일까요? 땡! 아니에요.

찌그러진 동그라미는 원이 될 수 없거든요. 그건 원의 정의 때문이에요.

수학에서 말하는 **원**은 어떤 한 점에서 거리가 일정한 수 많은 점들의 집합이거든요. 그래서 원은 한 점을 중심으로 컴퍼스로 그린, 완전히 둥근 모양을 뜻해요.

어느 한쪽이 울퉁불퉁하거나 찌그러졌다면 그건 원이 아니에요. 그렇다면 뭐라고 부를까요? 사실 모두 알고 있는 이름이 있죠. 그건 **타원**이에요.

타원은 중심에서 모두 같은 거리에 있지는 않아요. 그래도 원의 모양을 가지고 있으니까 타원이라고 불러요. 혹시 떠오르는 타원이 있나요? 맞아요. 달걀, 럭비공 등이 타원이에요.

이제 타원과 원의 차이를 잘 알겠나요?

우리 생활 속에서는 무심하게 지나치는 원이 정말 많아요. 그 중에서 거리 바닥에 있는 맨홀을 한 번 볼까요?

맨홀은 땅속에 묻은 수도관이나 하수관을 검사하거나 수리하고, 또 청소하기 위해 만든 구멍이에요. 필요할때 쉽게 드나들 수 있도록 원으로 만들었죠. 또 이동할 때 동그라미를 굴려서 이동할 수 있어서 좋아요.

그런데 제일 중요한 건 바닥에 있는 구멍이 힘을 골고루 받아 쉽게 부서지지 않게 하기 위해서는 원이 가장 적당했던 거죠. 이것도 수학의 원리겠죠?

삼각형이나 사각형은 수직으로 세워지면 구멍 아래로 떨어지게 돼요. 누가 지나가다 모서리를 누르게 되면 뚜껑 열 듯이 위로 세워질 수도 있잖아요. 이렇게 된다면 누군가 다칠 수 있으니 위험하겠죠.

하지만, 원은 어느 방향으로 재어도 중심을 지나는 폭이 일정하다는 원리를 가지고 있으니까 안전해요.

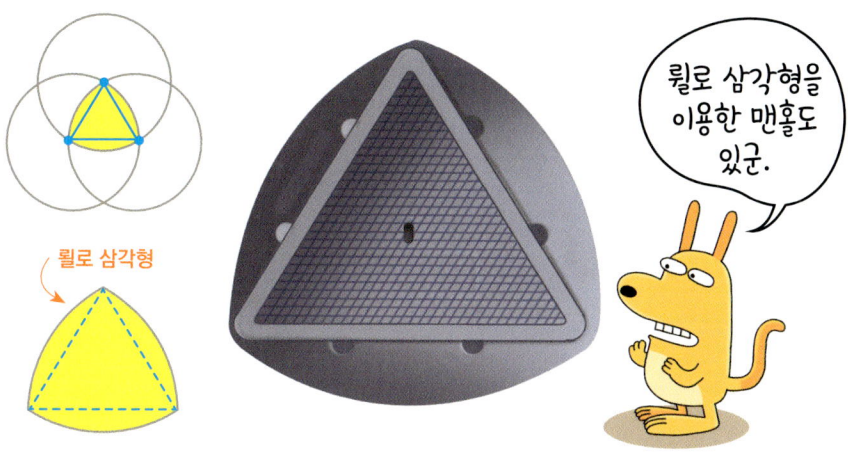

원의 중심각이 360도(°)인 이유

옛날 지금으로부터 4,000년 전, 고대 바빌로니아에서 있었던 일이에요.

어느 날, 바빌로니아의 한 학자가 태양이 뜨는 것을 바라보며 생각했어요. 태양이 언제 뜨고 또 언제 지는지 연구하겠다고 말이에요.

그리고 실행에 옮겨 매일매일 태양이 뜨는 걸 조사하기 시작했죠. 그러다 신기한 걸 발견하게 됐어요. 태양이 날마다 조금씩 다른 위치에서 뜬다는 놀라운 사실을 말이에요.

그렇게 하루가 일 년이 되고, 일 년이 수십 년이 되었을 때 학자는 중요한 걸 또 알아내게 됐어요. 태양은 매일 조금씩 다르게 뜨다가, 딱 1년이 지난 뒤 처음 떴던 그 자리에서 떠오른다는 것을요!

태양이 다시 처음의 자리로 돌아오는 기간을 재 봤더니 딱 360일이 걸린 거죠. 그래서 1년을 360일로 보고 다시 30일씩 나눠 12달을 정하게 됐어요.

그때엔 달력이 없어 1년을 원으로 그렸어요. 1년을 360일이라고 생각했기 때문에 원의 중심각도 360도(°)가 되었어요.
원을 360도(°)로 정한 게 옛날 사람들이었다니 정말 놀랍네요!

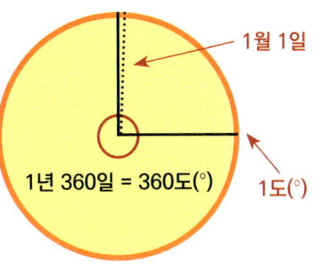

원은 아이들이 좋아해요. 지구도 달도 태양도 모두 원으로 생각하니까요. 원으로 또 뭘 할 수 있을지 함께 생각해봐요~

수학자가 사랑한 도형 원뿔과 삼각형

수학자 유클리드를 위한 그림

창밖에 무엇이 있나 한 번 볼까요? 만약 "원뿔 두 개가 있어요!"라고 생각했다면 틀렸어요. 자세히 보면 하나는 원뿔이 맞지만, 나머지 하나는 그냥 길이에요.

이 그림이 처음 나왔을 때 사람들은 깜짝 놀랐다고 해요. 원뿔 같이 보여서만은 아니었어요. 작품 제목 때문이었대요.

〈유클리드의 산책〉이라는 작품 제목에서 유클리드는 아주 유명한 수학자의 이름이거든요.

유클리드는 기원전 300년경에 활약한 그리스의 수학자예요. 기하학을 공부해 많은 이론을 정리했어요. 〈기하학원론〉이라는 책도 썼어요. 그래서 사람들은 기하학을 부를 때 〈유클리드 기하학〉이라고 부를 정도예요.

그런데 그림 제목이 〈유클리드의 산책〉이니까 사람들은 그림 속에서 유클리드를 진짜 찾아봤어요.

그림을 확대해서 보면, 길 위에 정말 두 사람이 서 있는 게 보여요. 한 명이 유클리트라면 또 다른 사람은 누구일까요?

다들 마그리트라고 생각했어요. 둘이 함께 걸으며 수학 이야기를 나누고 있는 거라고요.

유클리트와 산책하는 그림을 그리면서 길을 원뿔처럼 보이게 한 이유는 무엇일까요? 그건 유클리트에게 따지고 싶어서였다고 해요.

수학자 유클리드는 평행선이 '아무리 연장해도 만날 수 없는 직선'이라고 했어요. 그런데 마그리트는 원근법을 이용해 평행선이 원뿔처럼 보이게 그린 거예요. 원래는 만날 수 없는 길이 언젠가 만날 수 있는 것처럼 보이게요. 이런 걸 착시라고 해요.

원 + 뿔은 삼각형처럼 보여

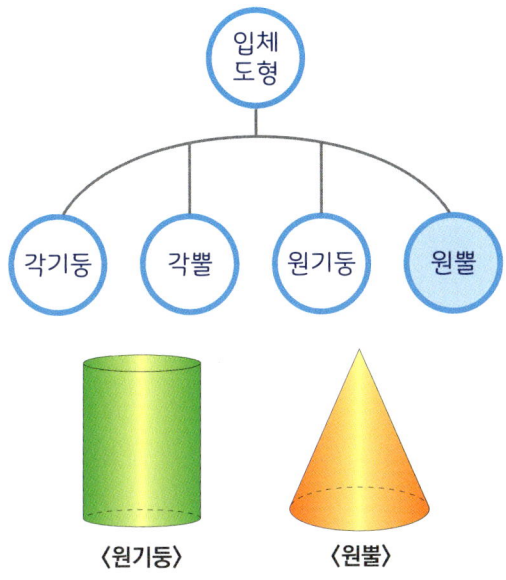

옛날에 그리스의 프톨레마이오스 왕이 수학자 유클리드에게 물었다고 해요.

"기하학을 쉽게 배울 방법은 없겠소?"

그러자 유클리드는 이렇게 말했대요.

"왕이시여, 길에는 왕께서 다니시도록 만들어 놓은 왕도(왕의 길)가 있지만, 기하학에는 왕도가 없습니다."

이래서 사람들은 이때부터 '수학엔 왕도가 없다'는 말을 쓴다고 해요. 왕도가 없다는 말은 다른 지름길이 없다는 뜻이기도 해요. 빨리 갈 수 없으니 천천히 가라는 말이기도 하고요.

자, 그럼 〈유클리드의 산책〉에 나오는 원뿔과 삼각형에 대해 생각해 볼까요?

먼저 원뿔은 '원 + 뿔'이라는 말이에요. 그러니까 원뿔은 위에서 보거나 아래에서 보면 그냥 원이에요.

그런데 이 원뿔을 옆에서 보면 삼각형이에요! 원뿔은 고깔모자처럼 생긴 입체도형이에요. 아래가 원으로 된 입체도형은 크게 원기둥과 원뿔이 있어요. 그리고 아래가 네모, 사각형으로 됐다면 각기둥, 각뿔이 되는 거예요.

원뿔에는 뾰족한 점이 있어요. 이 점을 **원뿔의 꼭짓점**이라고 불러요. 원뿔의 꼭짓점에서 밑면에 그은 수직인 선분의 길이를 **높이**라고 불러요. 그런데 원뿔에는 높이와 헷갈리는 선이 하나 더 있어요. 그건 바로 원뿔의 꼭짓점과 밑면인 원둘레의 한 점을 이은 선분인데, 이걸 **모선**이라고 불러요.

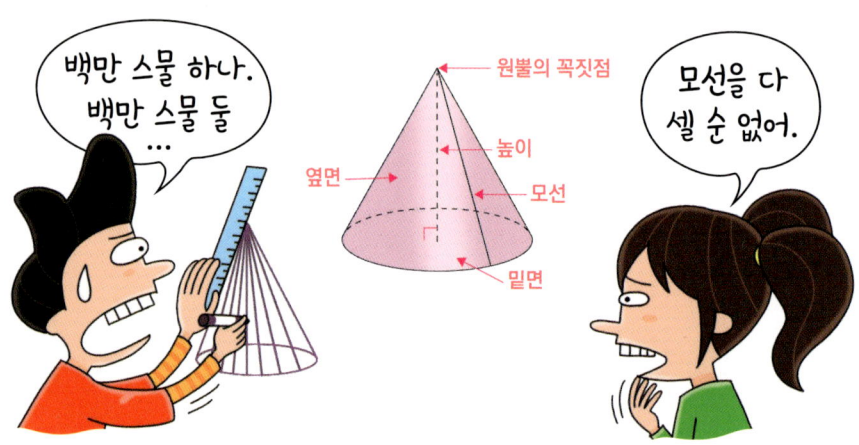

원뿔에서 모선은 무수히 많아요. 어디서든 쭉쭉 내려오면 그게 다 모선이거든요. 그러니까 모선을 다 셀 수는 없어요. 중요한 건 한 원뿔에서 모선의 길이는 모두 같아요.

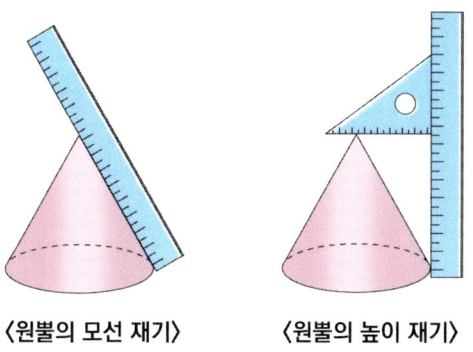

〈원뿔의 모선 재기〉　　〈원뿔의 높이 재기〉

원뿔의 높이와 모선의 길이는 다를 수밖에 없어요. 수직으로 내려오는 길이가 높이라고 하면 모선은 모양을 따로 내려오거든요.

모선을 재는 방법과 원뿔의 높이를 재는 방법은 그림처럼 달라져요. 모선은 원뿔의 옆면에 그은 선분이고, 원뿔의 높이는 원뿔의 꼭짓점과 밑면 사이의 수직인 거리잖아요.

그러니까 모선이 원뿔의 높이보다 항상 더 길 수밖에 없어요.

〈원기둥과 원뿔의 차이〉

원기둥		원뿔	
밑면의 모양	원	밑면의 모양	원
밑면의 수	2개	밑면의 수	1개
꼭짓점의 수	없다	꼭짓점의 수	1개

원기둥과 원뿔의 차이를 보면 꼭짓점이 없다는 거예요. 원이 아래에만 있는 게 아니라 위에도 있으니까요. 그래서 뒤집어 놓아도 원기둥이 돼요. 그래서 밑면을 두 개라고 할 수 있어요. 만약 원뿔을 잘라서 펼쳐본다면 어떤 모양일까요? 제일 흔하게 볼 수 있는 원뿔은 콘 아이스크림이에요. 콘 아이스크림 껍질을 그대로 잘라서 펼쳐보면 부채 모양의 도형이 생겨나요. 이걸 **부채꼴** 도형이라고 불러요.

반대로 원뿔을 직접 만들어 보고 싶다면 삼각형을 하나 만들면 돼요. 중요한 건 한쪽이 90도(°)가 되는 직각삼각형이어야 해요. 삼각형에 빨대를 하나 붙여서 돌리면 원뿔 모양이 나와요. 그러니까 원뿔 안에는 직각삼각형이 들어있어요!

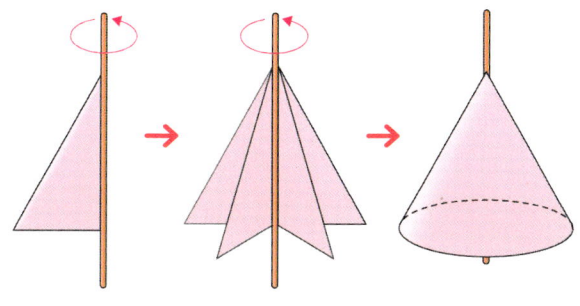

〈삼각형과 빨대로 원뿔 만들기〉

삼각형은 가장 매력적인 도형

아주 오래전, 삼각형과 사랑에 빠진 수학자가 있었어요. 프랑스에서 태어난 이 아이는 열두 살이 되었을 때부터 삼각형만 들여다보고 있었어요. 몸이 아파서 학교에도 못 다녔는데 수학이 너무 좋았던 거예요. 그중에서도 기하학의 아버지라고 할 수 있는 유클리드의 〈원론〉이라는 책을 혼자 보고 있었대요.

그런데 어느 날, 삼각형 내각의 합이 궁금했대요.

종이에 삼각형을 그려놓고 쳐다보고 있는데 좋은 방법이 생각났어요. 끝을 잘라서 평평한 직선 위에 붙여보기로 했던 거예요. 원이 360도(°), 직선은 180도(°)라는 걸 응용했어요.

그렇게 종이를 붙였을 때 딱 맞는 걸 보고 삼각형의 내각의 합이 180도(°)라는 걸 증명했어요. 겨우 열두 살 때 말이에요. 그 아이의 이름은 파스칼이었어요.

파스칼은 유클리드 기하학을 혼자 공부하면서 수학을 연구했고, 스무 살이 안 되었을 때 계산기를 만들었다고 해요. 수학을 넘어 물리학이나 철학을 좋아했고 발명도 많이 했어요.

삼각형과 사랑에 빠진 건 파스칼만이 아니었어요. 오랫동안 많은 수학자가 삼각형의 매력에 빠졌어요. 그 이유는 삼각형에는 다른 도형에는 없는, 아주 특별한 성질이 하나 있기 때문이에요.

삼각형은 먼저 대각선이 없어요. 대각선을 그릴 수가 없지요. 꼭짓점이 세 개뿐이니까요. 선분 세 개를 이용해서 만들 수 있는 도형도 삼각형밖에 없어요.

그렇다면 사각형은 어떨까요? 얼마든지 모양을 바꿀 수가 있어요. 비스듬하게 기울게 만들어서 평행사변형을 만들기도 하고, 윗변과 아랫변의 길이를 다르게 해서 마름모꼴도 만들 수가 있어요.

여기서 가운데 선분 하나를 그어 대각선을 만들면 삼각형이 두 개로 늘어나요.

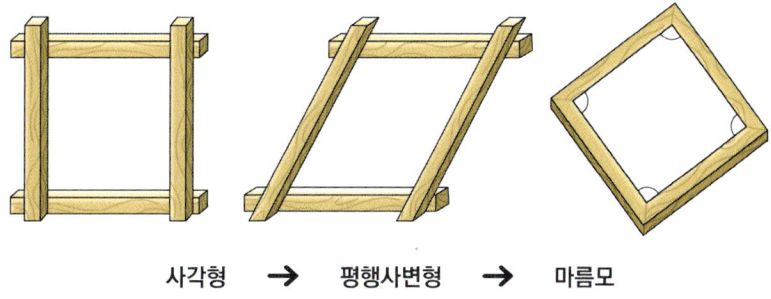

사각형 → 평행사변형 → 마름모

그리스의 철학자인 플라톤은 '삼각형은 모든 도형의 기본'이라고 했어요. 삼각형은 사각형, 오각형 등 다른 도형들을 분석하는 도구이기 때문이에요.

삼각형은 어떤 모양을 갖든지 내각의 합이 항상 180도(°) 거든요. 이 사실을 통해 다각형들의 내각도 계산할 수 있어요. 사각형은 두 개의 삼각형으로 자를 수 있으니까 내각의 합은 $180 \times 2 = 360$도(°)이고, 오각형은 세 개의 삼각형으로 자를 수 있으니까 내각의 합은 $180 \times 2 = 540$도(°)가 됩니다.

재미로 보는 사랑의 삼각형

삼각형을 사랑에 응용하기도 해요. 사랑을 두고 세 사람이 얽혔을 때 삼각관계라고 하니까요. 하지만 지금 설명하는 말은 그게 아니에요. 사랑의 삼각형이에요.

뇌 과학자이면서 사랑을 연구했던 로버트 스턴버그는 '사랑의 삼각형 이론'을 주장했어요. 삼각형의 꼭짓점에 사랑을 이루는 3가지 요소를 정해둔 거예요.

그건 바로 열정, 친밀감, 결심과 헌신이었어요.

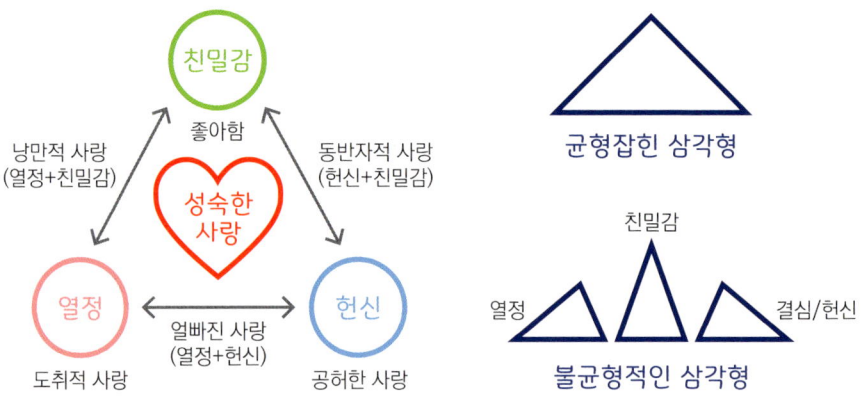

그러니까 한쪽으로 기울어진 직삼각형이 아니라, 세 가지가 균형 있게 중심 잡힌 정삼각형이 되어야 한다는 거죠.

우리에게 늘 헌신해주는 부모님과의 사랑은 당연히 한쪽으로 기울어진 삼각형이 될 수밖에 없을 거예요. 친밀감이 높은 친구들과 사랑도 조금 다른 모양이겠지요.

하지만 우리는 이 모든 걸 균형 있게 갖추려고 늘 노력해요. 수학에서 삼각형은 이렇게 균형을 맞출 때 자주 사용해요. 직선으로 된 어떤 도형도 모두 삼각형으로 쪼갤 수 있거든요. 그만큼 완벽한 도형이기 때문일 거예요!

디자인 속에 숨은 수학
대칭과 기하학

똑같아 보이는 반복과 대칭

이 그림을 보면서 "뭐야! 이것도 예술작품이야?"라고 말하는 사람도 있을 거예요. 그런데 더 놀라운 건 제목이에요. 믿기지 않지만 〈톰린슨 공원〉이라고 해요. 어디를 봐서 공원이라고 하는지 아무리 보고 또 봐도 전혀 모르겠죠?

이 그림을 그린 화가는 프랭크 스텔라예요 검은색 칠을 좋아하는 화가로 유명하죠. 놀라지 마세요. 이 작품은 경매에서 무려 50억 정도에 팔렸다고 해요!

미국에서 태어난 프랭크 스텔라는 프리스턴 대학에서는 역사를 배웠지만, 첫 번째 직업은 페인트공이었어요. 페인트 칠을 하며 돈을 벌었죠. 그러다 문득 진짜 그림을 그려보고 싶어서 공부를 시작했어요.
그렇게 해서 탄생된 그림이 바로 〈톰린슨 공원〉이에요. 그럼 이 그림을 보면서 숨은 수학을 찾아 볼까요?
이 작품에서 가장 눈에 띄는 것은 선이에요. 이 그림을 보고 어느 전문가는 반복해 그린 선이 마치 건축물 같다고 말하기도 했어요.
검정과 흰색의 선으로만 이루어진 그림인데 보는 사람에 따라 다르게 보이죠.

미술이나 디자인에서는 특별한 원리가 있다고 해요. 조화와 통일, 균형과 비례에는 반복과 대칭 같은 것들이에요.
그중에서 균형과 비례에 대해선 황금비율이 있었고요. 조화라는 말은 따로 설명하지 않아도 알 거예요. 조화는 보는 사람이 느끼는 감정이기도 하니까요.

앞의 그림처럼 반복과 대칭만으로도 멋진 미술작품이 될 수 있죠. 그렇다면 반복과 대칭에 대해서 공부해볼까요?

한쪽과 똑같은 다른 쪽이 있는 것, 그게 바로 **대칭**이에요. 그런데 대칭을 조금 더 자세히 이야기하면, 지금처럼 선으로 반복되는 대칭만 있는 게 아니에요. 점이 될 수도 있고, 도형이 될 수도 있어요.

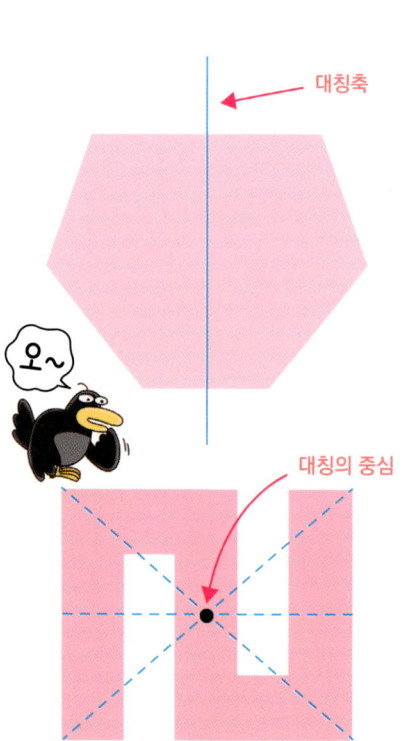

선대칭 : 직선을 사이에 두고 완전히 겹치는 대칭

대칭축 : 선대칭의 축이 되는 직선

점대칭 : 점을 중심으로 180도(°) 돌렸을 때 완전히 겹치는 대칭

대칭의 중심 : 점대칭에서 중심이 되는 점

점대칭과 선대칭의 차이점

아래 그림을 참고해서 대칭에 대해 좀더 배워볼까요? 대칭은 크게 선대칭과 점대칭으로 나눌 수 있는데, 선대칭에서 중요한 건 대칭축이에요. 프랭크 스텔라 작품으로 본다면 가로나 세로로 그릴 수도 있죠. 가운데 선분을 중심으로 양쪽이 똑같은 모양, 이것이 바로 대칭이에요. 대칭은 도형 안에서 이뤄지기도 하고 두 도형끼리 대칭인 경우도 있어요.

언어 장애인을 위한 사전1

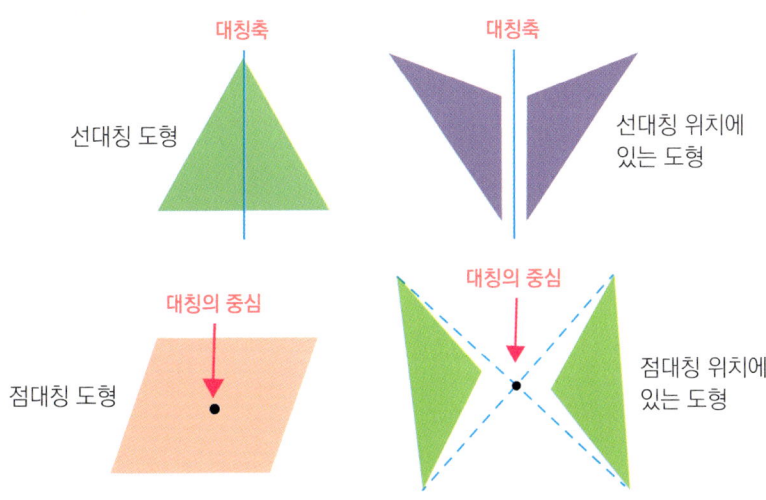

디자인 속에 숨은 수학, 대칭과 기하학

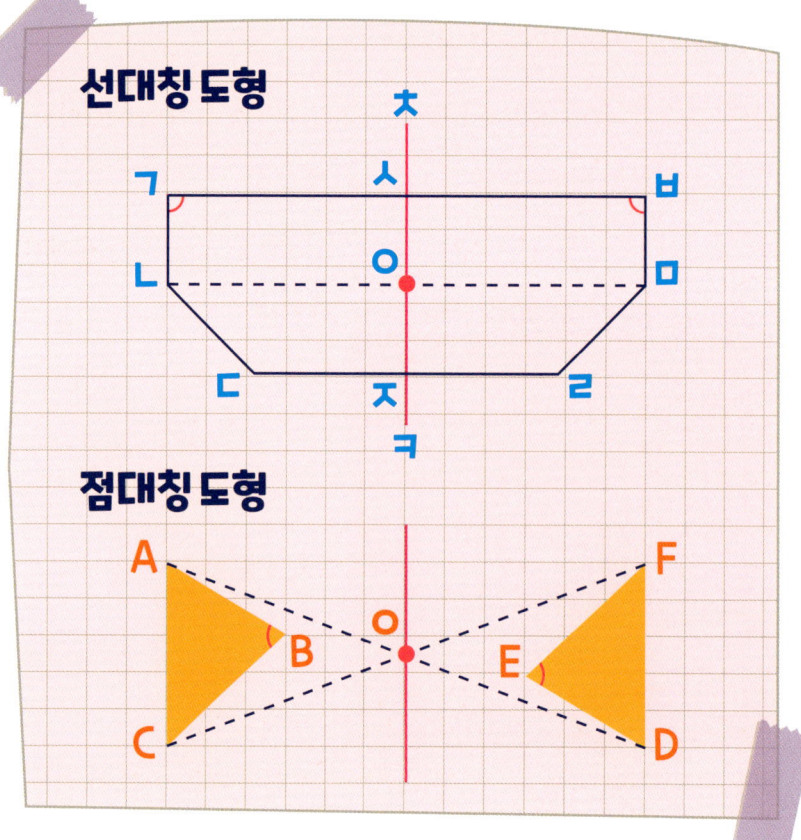

선대칭 도형의 성질을 정리해 볼까요?

하나, 대응변의 길이와 대응각의 크기가 각각 같아요.

변 ㄴㄷ = 변 ㅁㄹ / 각 ㅅㄱㄴ = 각 ㅅㅂㅁ

둘, 대응점을 이은 선분과 대칭축은 수직으로 만나요.

선분 ㄴㅁ 과 선분 ㅊㅋ 은 수직

셋, 대응점들은 대칭축과 같은 거리에 있어요.

선분 ㄴㅇ = 선분 ㅁㅇ

점대칭 도형의 성질을 정리하면 이렇게 할 수 있어요.

하나, 대응변의 길이와 대응각의 크기는 각각 서로 같아요.

변 A B = 변 D E / 각 A B C = 각 D E F

둘, 대칭의 중심은 대응점을 이은 선분을 둘로 똑같이 나눠요.

선분 A o = 선분 D o

 알아보기

선대칭

대칭으로 대칭축이 도형 안에 있으면 선대칭 도형, 도형 밖에 있으면 선대칭 위치에 있는 도형이라고 해요.

점대칭

점을 중심으로 180도(°) 돌렸을 때 완전히 겹치는 대칭이에요.

대칭을 만들면 **합동**이 생겨요. 합동은 모양과 크기가 같아서 포개었을 때 완전히 겹쳐지는 두 도형을 뜻하는 말이에요. 똑같으니까 점, 변, 각도 같겠죠?

이렇게 포개었을 때 완전히 겹쳐지는 점은 **대응점**, 겹쳐지는 변을 **대응변**, 겹쳐지는 각을 **대응각**이라고 해요.

합동이기 때문에 대응변의 길이, 대응각의 길이는 같을 수밖에 없어요.

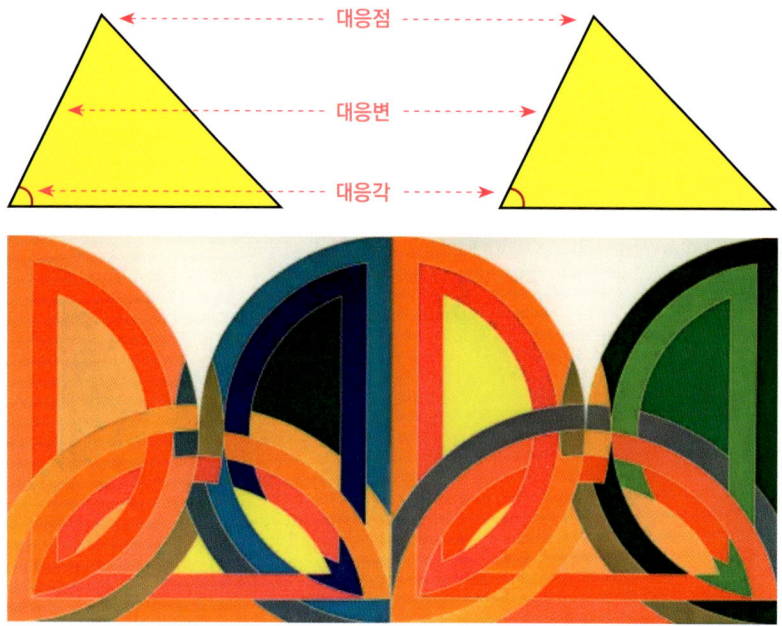

하란 II(각도기 연작)

스텔라는 수학 시간에 자주 사용하는 각도기를 변형시켜 그림을 그리기도 했어요.

기하학이란 도대체 뭘까요?

예술작품을 이야기할 때 우리는 기하학이라는 말을 자주 썼는데요, 그렇다면 기하학이 뭘까요? **기하학**을 간단하게 설명하면 점, 직선, 곡선, 면, 부피 사이의 관계를 연구하는 수학이에요. 수학에서는 가장 오래전부터 연구했어요.

생활에 필요한 기하학은 피타고라스, 유클리드 같은 유명한 고대 그리스 수학자들이 학문으로 발전시켰어요.

기하학의 범위는 정말 다양해요. 고대 기하학은 나중에 배우게 될 '기하', '도형의 방정식', '기하와 벡터' 같은 어려운 학문으로 성장했어요.

기하학과 예술을 연관시킬 때 빼놓을 수 없는 화가가 한 명 있어요. 바로 몬드리안이라고 해요.

빨강 노랑 파랑의 구성

이 작품에는 삼원색이 들어있어요. 빨강, 노랑, 파랑이라는 삼원색이 크고 작은 면으로 채워진 그림이에요. 그리고 검정으로 선을 이루고 있네요.

피에트 몬드리안 아버지는 초등학교 교장 선생님이면서 소묘화가였어요. 아버지를 보고 미술을 좋아하게 됐다고 하죠. 그런데 몬드리안은 예술과 과학에 모두 적용할 수 있는 변하지 않는 법칙을 찾고 싶었어요. 그래서 사물이나 풍경을 그대로 그리지 않았어요. 점, 선, 면을 색칠해서 그림을 그렸죠.

면과 선을 이용해 그렸을 뿐인데 많은 사랑을 받았어요. 몬드리안이 기하학을 알지 몰랐다면 이런 그림을 과연 그릴 수 있었을까요?

"수학이 어떻게 예술이 될까요?"
이렇게 묻는 친구에게 몬드리안은 이렇게 대답할 것 같아요.
"음, 어렵지 않단다. 선만 그려도 멋진 작품이 될 수 있지. 그게 바로 예술이란다."
그렇다면 우리도 할 수 있어요. 선과 면, 대칭을 배웠으니까요. 당장 그릴 수 있어요!

디자인 속에 숨은 수학, 대칭과 기하학

끝도 없는 길을 가야 해
뫼비우스의 띠

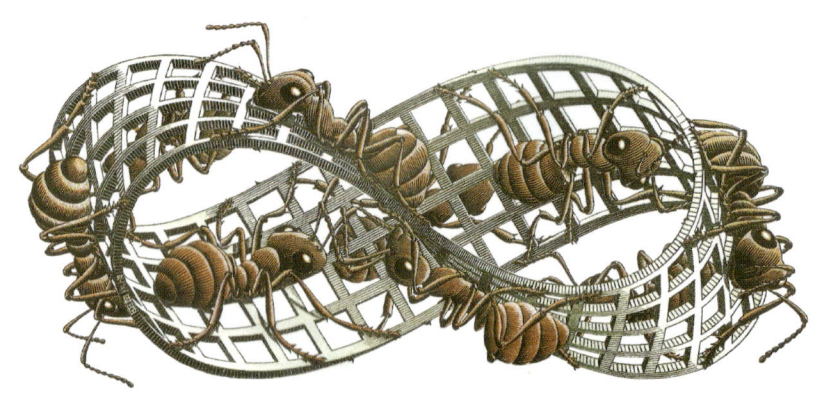

영원히 돌고 도는 뫼비우스의 띠

여기 재미있어 보이는 그림이 하나 있어요. 8자 모양으로 된 트랙을 따라가고 있는 건, 개미예요.

그물 같은 트랙 위에 있는 개미는 모두 몇 마리일까요? 겉으로 보이는 개미가 있는가 하면, 안으로 감춰진 개미도 있어요. 꼼꼼하게 세어보니 모두 아홉 마리네요!

그런데 문제가 생겼어요. 아홉 마리 중 한 마리를 따라가 봤더니 끝도 없이, 계속해서 이어지고 있다는 거예요. 그러니까 어디가 시작인지도 모르겠고, 끝도 못 찾겠어요.

그렇다면 개미들은 어떻게 해야 멈출 수 있을까요? 혹시 멈추지 못해 끝도 없이 계속 걸어야 하는 건 아닐까요?

이렇게 이어지는 모양을 어디서 본 적이 있나요? 면을 따라 이동하면 모든 면을 지나 다시 제자리로 돌아오는 곡선의 면. 이것을 부르는 말이 있어요. 바로 **뫼비우스의 띠**라고 해요.

옆의 그림 제목도 〈뫼비우스의 띠Ⅱ〉예요. 뫼비우스 띠는 몇 가지 흥미로운 성질을 가지고 있죠. 어려울 수도 있겠지만 간단히 정리해볼게요.

첫째, 앞과 뒤의 구분이 없고, 안과 밖의 구분이 없으며, 왼쪽과 오른쪽, 방향을 정할 수 없다.

둘째, 어느 지점에서나 띠의 중심을 따라 이동하면 반대편에 도착할 수 있다.

셋째, 계속 나아가 2바퀴를 돌면 처음 위치로 되돌아올 수 있다.

넷째, 개미를 이 띠에 올려놓으면 그 개미는 영원히 빙빙 돌게 된다.

그런데 작가는 왜, 뫼비우스의 띠를 그림으로 만들었을까요? 그건 아마도 뫼비우스 띠가 지닌 성질을 나타내고 싶었기 때문일 거예요.

이 작품을 만든 사람은 네덜란드 판화가이자 드로잉 화가, 그리고 그래픽 디자이너기도 했던 마우리츠 코르넬리스 에셔예요.

끊어지지 않고 계속 이어지는 걸 연속이라고 해요. 에셔가 연속하는 그림을 그리고 싶었던 이유 중 하나는 놀랍게도 수학 때문이었어요. 에셔는 예술가면서 수학과 과학을 좋아했다고 해요. 그래서 작품 안에 수학적 원리를 넣고 싶어서 늘 고민했어요.

연속해서 이어지는 도마뱀

에셔의 작품을 보고 있으면 정말 엉뚱해요. 다양한 방법으로 반복해 그렸어요. 거울이 비친 것처럼 반사되기도 했다가, 그대로 옆으로 이동한 것 같은 평행이동도 해요.

뭔가 반복하고, 때론 반사 시키기도 해서, 끊어질 듯 끊어지지 않는 그림이 정말 많답니다. 그래서 처음 본 그림인데, 어디선가 본 것 같은 착각이 들 때도 있죠.

천사와 악마

자세히 볼까요? 뭐가 보이나요? 하얀색을 좋아하는 사람은 천사를 먼저 발견했을 거예요. 검은색이 끌렸다면 까만 악마를 찾았겠죠. 하지만 이건 심리 테스트가 아니니까, 뭐가 먼저 보이는지 중요하지 않아요. 그래요. 이 작품의 제목은 천천히 보면 누구나 알 수 있는, 〈천사와 악마〉라고 해요.

〈천사의 악마〉에도 수학 원칙이 있어요. 혹시 알고 있나요? 반복되어 그려지는 그림 속에 등장하는 단어는 바로 대칭이에요. 반복되는 이미지들이 점점 커지기도 했다가 다시 작아지기도 하죠. 이것을 이해하려면 수학적 원리를 정확하게 알아둬야 해요.

알아보기

대칭

대칭은 축을 중심으로 양쪽의 모양이 같은 것을 말해요. 점이나 직선, 또는 한 면을 두고 같은 거리에서 마주 보고 있는 경우를 말하죠. 대칭인지 아니지 궁금하다면 중심축을 기준으로 반으로 접어보면 알 수 있어요.

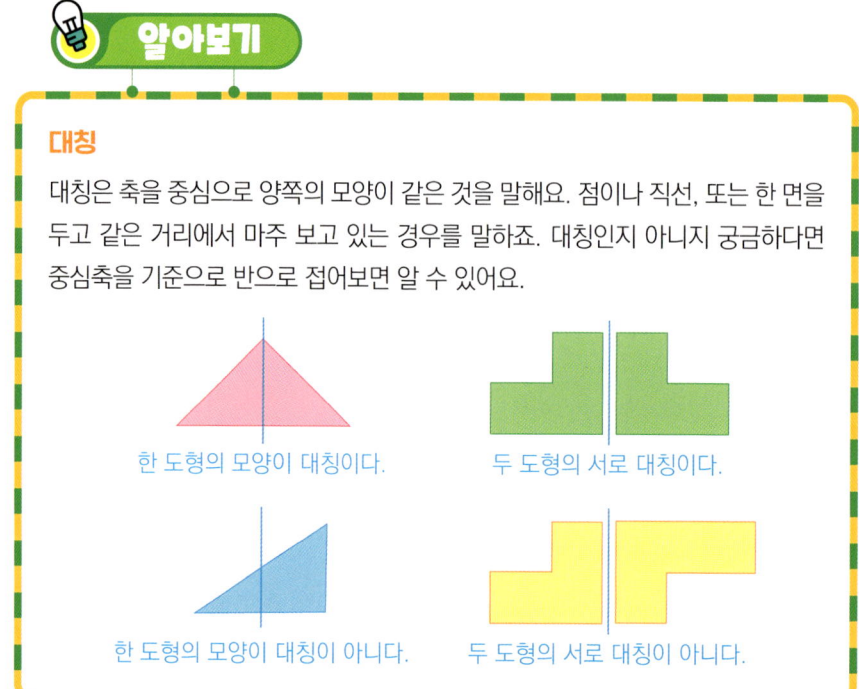

한 도형의 모양이 대칭이다.

두 도형의 서로 대칭이다.

한 도형의 모양이 대칭이 아니다.

두 도형의 서로 대칭이 아니다.

파충류

이 그림은 에셔의 〈파충류〉라는 작품인데요. 이 안에도 재미있는 수학 원리가 있어요. 징그럽게 기어 다니는 도마뱀이 먼저 보이죠? 그림 밖에서 걸어 다니던 도마뱀이 마치 그림 속으로 들어가는 것 같아요. 그리고 퍼즐 한 조각을 끼워 맞춘 것처럼 보여요. 신기하죠?

확대해서 보면 정말 빈틈없이 딱 붙어있는 도마뱀을 볼 수 있어요. 어떻게 저렇게 딱 맞게 엉겨 붙었는지 원리가 궁금하지 않나요?

에셔는 도마뱀을 완성하기 위해 6각형을 이용했어요. 각 꼭짓점을 이어 중심점을 만들고 그 안에 도마뱀을 그려 넣었어요. 선을 따라 종이를 자르고 이동시키면 도마뱀 모양이 되거든요. 얼핏 보면 간단해 보이지만 자세하게 보면 엄청나게 정확해야 해요. 도마뱀의 다리와 꼬리가 각각 다른 도마뱀의 특정한 부분과 정확하게 만나서 빈틈없이 붙여야 했거든요. 그러기 위해선 정말 섬세한 작업이 필요했어요.

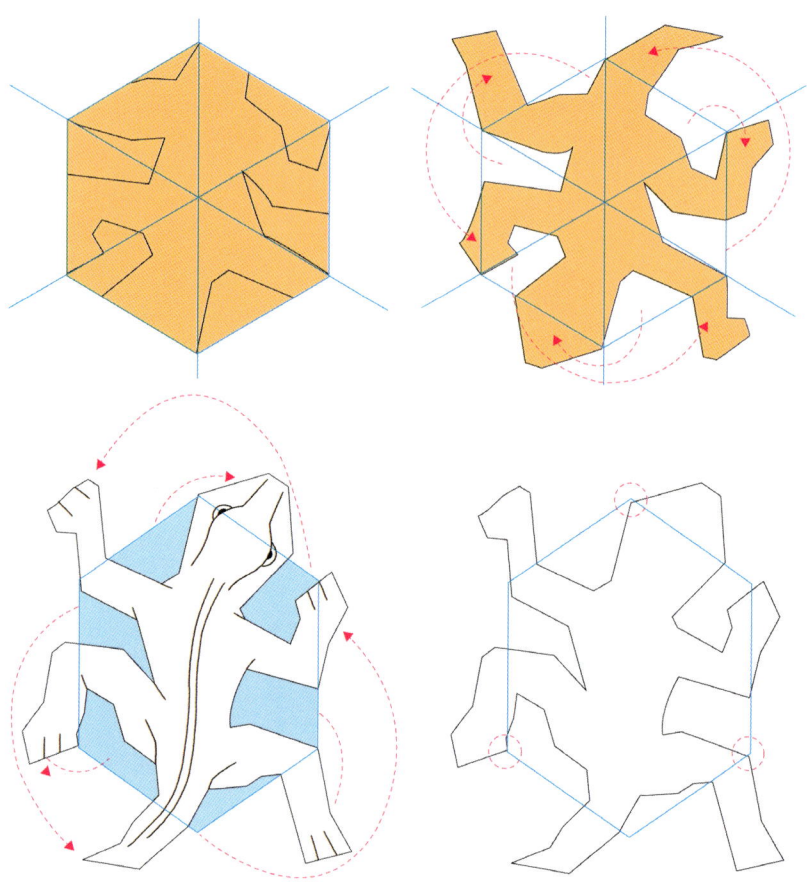

도마뱀이 알려준 테셀레이션

이러한 원리로 연속해서 끼워 맞추는 것을 **테셀레이션**이라고 해요.

테셀레이션이란 같은 모양을 이용해 틈이나 포개짐 없이 채우는 거예요. 에셔의 그림이 테셀레이션이에요.

테셀레이션 무늬를 이용해 벽지를 만들기도 하고 장식품을 만들기도 하죠. 길거리 보도블록에서도 볼 수 있어요. 또 욕실과 화장실에는 벽면을 채운 타일도 테셀레이션이에요.

테셀레이션은 우리 말로는 쪽맞추기, 혹은 쪽매붙임이라고 해요. 같은 모양의 조각들을 서로 겹치거나 틈이 생기지 않게 늘어놓아 평면이나 공간을 덮거예요. 타일을 이어붙이는 것과 같다고 해서 타일링이라고 부르기도 해요.

정삼각형, 정사각형, 정육각형으로 만들 수도 있어요. 하지만 정오각형이나 원과 같은 도형은 어떠한 방법으로도 빈틈이 생기거나 내부가 겹치게 되어 테셀레이션이 불가능해요.

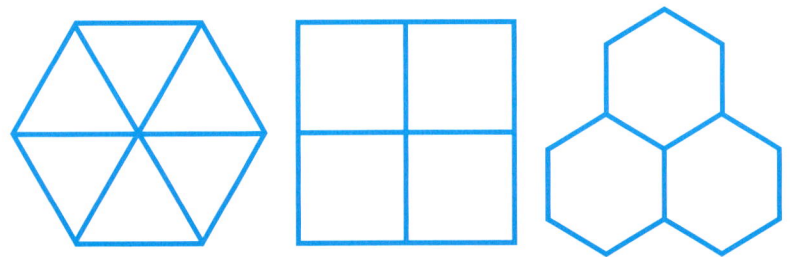

정칙 테셀레이션. 평면에는 오직 3가지 정칙 테셀레이션이 있다.

그래서 몇 가지 도형을 서로 붙여서 테셀레이션을 만들 수 있어요.

왼쪽에 있는 그림 중앙에는 4각형이 있어요. 이것을 중심으로 8각형 두 개가 붙어 반복되는 모양이 만들었어요. 4각형과 8각형을 이용한 테셀레이션이에요.

가운데 알록달록한 그림은 원으로 보이지만, 자세히 보면 12각형이에요. 12각형 두 개가 붙어있고, 그 사이엔 작은 3각형이 있네요. 12각형과 3각형으로 완성한 테셀레이션이라고 할 수 있어요.

마지막 그림은 조금 복잡해 보이죠. 가운데 보이는 것이 역시 12각형이고, 그사이를 연결하고 있는 것은 4각형이네요. 그리고 빈틈을 메꾸고 있는 것은 6각형이죠.

테셀레이션이 가능한 이동과 반사의 원칙

이동은 말 그대로 이곳에서 다른 곳으로 움직이는 거예요. 그렇게 위치가 바뀌지만, 모양은 달라지지 않아요. 이런 이동 원칙을 잘 이용해서 테셀레이션에 응용할 수 있어요. 또 반사는 방향을 반대로 바꾸는 것에요. 반사를 이용해서도 테셀레이션을 만들 수 있거든요.

회전이동 평행이동

대칭(반사)이동 미끄러짐 반사

뫼비우스의 띠 만들어 보기

에셔의 작품을 관심 있게 본 이유는 〈뫼비우스의 띠〉라는 작품 때문이었는데요. 그렇다면 뫼비우스의 띠에 대해 조금 더 알아볼게요.

종이를 길게 잘라서 그대로 붙이면 동그란 원면이 먼저 보여요. 그런데 종이의 끝을 붙일 때 뒤집어 붙이게 되면 생각하지 못했던 일이 벌어져요.

띠의 중심에서 시작해 이동하면 출발한 곳과 정반대 면에 도달할 수 있는데, 계속 두 바퀴를 돌면 다시 처음 위치로 돌아올 수 있어요.

이런 뫼비우스의 띠는 수학 기하학과 물리학 역학이 관련된 곡면이라고 해요. 왜냐하면 안과 밖이 따로 없는 원면이 되기 때문이에요.

종이를 길게 잘라서 띠를 만든 후 종이 띠의 양 끝을 그냥 풀로 붙이면 도넛 모양의 토러스가 되는데, 한번 꼬아 붙이면 뫼비우스 띠가 되는 거예요. 간단하죠?

그림 속에 모서리 AD의 화살표와 모서리 CB의 화살표가 같은 방향으로 가는 하나의 화살표가 되거든요. 즉 꼭짓점 A는 꼭짓점 C, 꼭짓점 D는 꼭짓점 B와 일치하게 되고요.

그런데 시대가 발달하면서 뫼비우스의 띠는 더 많은 의미를 갖게 됐어요. 우주와 첨단 과학에서도 뫼비우스의 띠를 응용한 이론들도 나오게 되었고요.

화학, 양자물리학, 나노테크놀로지 분야에서 뫼비우스 띠를 이용해 새로운 약을 만들기도 하고, 새로운 구조를 만들 때도 활용하고 있어요.

그냥 좀 흥미로운 띠라고만 생각했었는데, 대단한 일이죠?

이렇게 해도 저렇게 해도 똑같은 마방진의 비밀

멜랑콜리 하다면 마방진을 풀어 봐!

"나 오늘 기분이 멜랑꼴리 해!"

혹시 이런 말 들어본 적 있나요? 정확한 의미는 몰라도 기분이 별로구나 느껴지죠. 맞아요. 멜랑꼴리는 흔히 기분이 좋지 않을 때 쓰는 말이에요.

멜리꼴리의 정확한 표현은 멜랑콜리아라고 해요. 사전을 찾아보면 왠지 모르는 우울함을 뜻하는 말이에요. 이 단어는 의사들도 쓰거든요. 의학에서는 무쾌감증(*즐거움이 없음), 불면증(*잠이 오지 않음), 정신 운동의 변화(*생각이 불편해짐), 죄책감(*잘못한 것만 생각남) 같은 우울증을 나타내요.

이 말의 역사는 오래 됐는데 고대 그리스 시대에서부터 썼다고 하거든요. 그 이유는 말에서 찾을 수 있어요. 멜랑콜리아는 그리스 말인데 말이 어떻게 시작됐는지 어원(*말의 시작과 역사)을 찾아보면 이렇게 나와요!

그리스 말로 멜랑은 검다는 뜻이에요. 콜레는 쓸개. 담즙이고요. 그러니까 멜랑콜리아는 검정 쓸개즙, 검은 담즙이라고 할 수 있어요. 줄여서 흑담즙이에요.

맞아요. 몸속에 흑담즙이 늘어나면 자연스럽게 우울해진다는 거예요. 우리 몸이 그렇게 만들어졌어요.

그러니까 흑담즙이 많을 때 슬프고, 불행하고, 우울한 마음이 생긴다는 거였어요. 그게 우울증의 시작이라고 생각했어요. 그런데 재미있는 건 이 멜랑콜리아가 그림에도 있다는 거예요.

앞의 작품은 회화가 아니에요. 동판으로 찍어낸 판화 작품이에요. 제목을 생각하고 그림을 다시 볼까요?

그림 속에 있는 한 여자는 정말 우울한 듯 머리를 감싸고 있어요. 여인의 발 아래는 개도 한 마리 보이네요. 힘도 없고 기분도 좋지 않은 거 같아요. 여인에게 기대에 누워있는 것이 배가 고픈 건 아닐까요?

자세히 보면 약간 위쪽에 아이도 보이네요. 혹시 천사일까요? 아기 천사는 작은 손가락으로 뭔가를 적고 있네요.

정확한 마음은 알 수 없지만 우리는 느낄 수 있어요. 뭔가 우울한 일이 벌어졌다는 걸 말이에요.

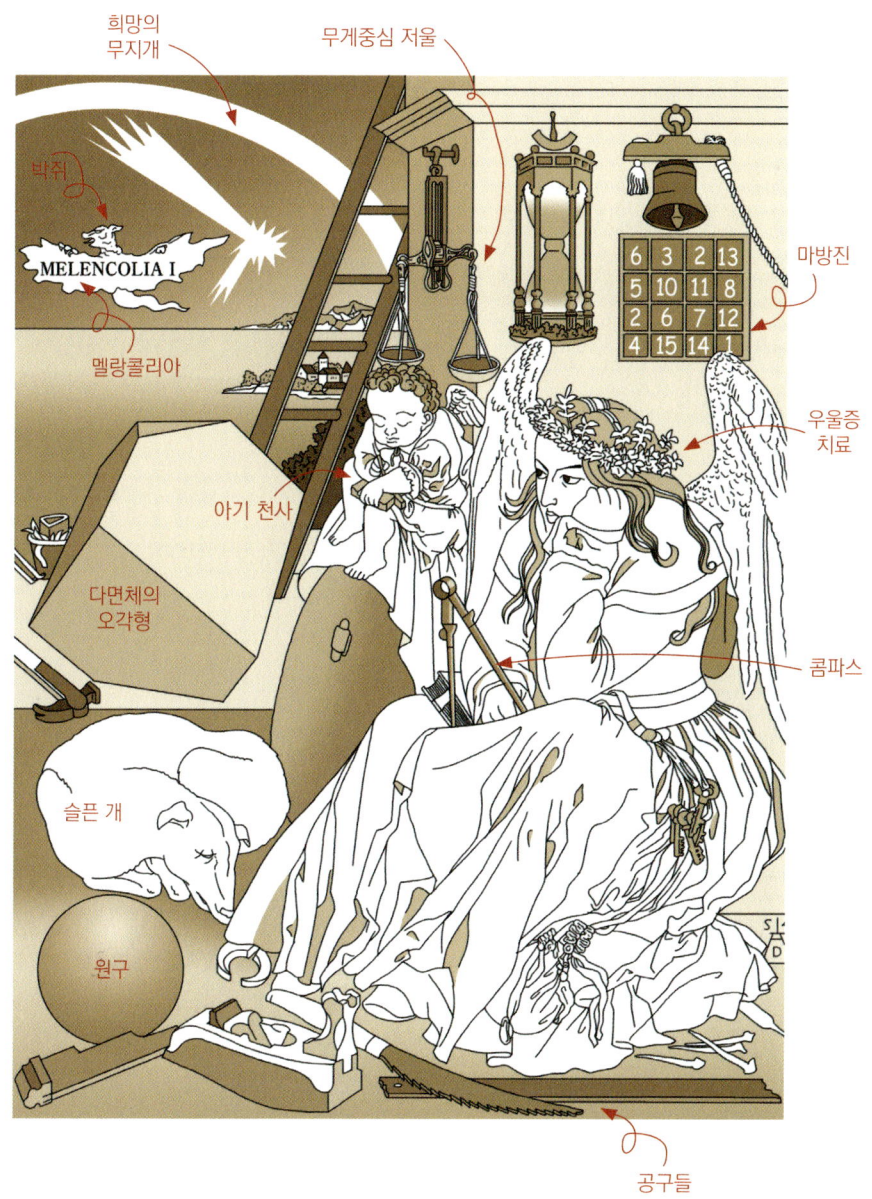

이번엔 그림 위쪽 구석을 자세히 볼까요?

박쥐 한 마리가 있는 게 보이네요. 그런데 활짝 날개를 펴고 있는데 안으로 글씨가 보여요. 오! 〈멜랑콜리아 I〉이라고 쓰

이렇게 해도 저렇게 해도 똑같은 마방진

였네요. 작품 제목을 여기에 넣었네요.

그리고 여인이 머리에 쓰고 있는 화환은 아름다움을 뽐내기 위한 것이 아니었어요. 그땐 우울증을 치료할 때 꽃으로 만든 왕관을 썼다고 해요. 그림에 나오는 개와 박쥐는 멜랑콜리아를 뜻하는 동물이라고도 하고요.

이제부터 작품 속에서 숨은그림찾기를 시작해볼까요? 인물 주위를 보면 못, 톱이나 대패, 공구들이 보여요. 이런 건 물건을 만들 때 써요. 찾아보면 컴퍼스도 있고 모래시계도 있죠. 그 옆에 있는 저울은 또 어때요? 뭔가 연구하는 것 같지 않나요? 그래요, 이런 모든 도구는 뭔가를 새로 만드는 사람이 고민하는 거예요. 그림을 그리고 물건을 만드는 모든 사람이 작가였던 거예요. 그리고 바닥에 있는 동그란 구나 다면체는 기하학에서 다루는 거죠.

기하학은 어려운 표현처럼 보이지만 간단히 설명하자면 토지를 정확하기 재기 위해 도형을 연구하는 학문이에요. 학교에서 배우는 선이라든가 면, 도형과 같은 모든 것이 기하학의 재료가 되거든요. 그렇게 우리가 수학 문제에서 부피나 넓이를 구하는 문제도 기하학이라고 해요.

그림 속에 있는 퀴즈 마방진

그림 속 여인이 기대고 있는 기둥을 한 번 보세요. 그 위에는 사각 무늬 안에 숫자가 적혀있어요. 이것을 마방진이라고 해요. 그렇다면 마방진은 또 뭘까요? 윗줄에 있는 숫자를 더해볼까요?

16 + 3 + 2 + 13 = 34

34가 나오네요. 그럼 이번에는 세로로 더해볼까요?

13 + 8 + 12 + 1 = 34

오! 또 34가 나왔어요. 그럼 대각선은 또 어떨까요?

13 + 11 + 6 + 4 = 34

헉!!! 가로로 더해도, 세로로 더해도, 심지어 대각선으로 더해도 모두 34가 나오네요!

이렇게 신비한 숫자 나열을 담은 표를 마방진이라고 불러요. 그리고 숫자 중에 15와 14가 나란히 있는 것이 보이는데요, 놀라지 마세요. 이 숫자는 작품이 그려진 연도라고 해요. 1514년에 그림을 그렸답니다!

〈멜랑콜리아 그림속 마방진 정리〉

가로줄 숫자들의 합	세로줄 숫자들의 합	대각선 숫자들의 합
16 + 3 + 2 + 13 = 34	16 + 5 + 9 + 4 = 34	16 + 10 + 7 + 1 = 34
5 + 16 + 11 + 8 = 34	3 + 10 + 6 + 15 = 34	13 + 11 + 6 + 4 = 34
9 + 6 + 7 + 12 = 34	2 + 11 + 7 + 14 = 34	
4 + 15 + 14 + 1 = 34	13 + 8 + 12 + 1 = 34	

그림 속 마방진 숫자를 진짜 다 더해봤어요. 신기하게도 더하면 모두 같은 숫자가 되는데요, 이걸 **마방진** 또는 **마법의 진**이라고 해요. 가로세로 숫자가 4개씩이기 때문에 4×4 마방진이라고 부르고 있어요.

옛날에 유럽에서는 수에 신비한 의미를 넣었는데요. 3×3 마방진은 토성, 4×4 마방진은 목성, 5×5 마방진은 화성, 6×6 마방진은 태양, 7×7 마방진은 금성, 8×8 마방진은 수성, 9×9 마방진은 달을 상징한다고 해요!

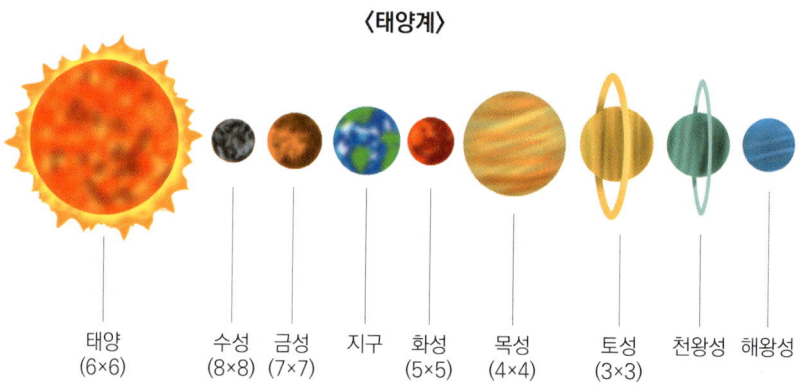

〈태양계〉

태양 (6×6), 수성 (8×8), 금성 (7×7), 지구, 화성 (5×5), 목성 (4×4), 토성 (3×3), 천왕성, 해왕성

마방진은 언제 시작됐을까?

마방진, 신비한 숫자의 비밀을 같이 풀어볼까요? 마방진에서 '방'자는 사각형을 의미하고, '진'자는 줄지어 늘어선다는 뜻이에요.

가로, 세로 3칸씩으로 이루어진 정사각형에 1부터 9까지의 수를 겹치지 않게 채워 넣는 건데요.

이때 가로, 세로, 대각선 위에 놓인 세 수의 합이 모두 같아지는 수의 표를 만드는 거예요. 이렇게 만든 수의 배열을 마방진이라고 부르죠. 그리고 거북이 등에서 마방진을 보기도 했어요.

중국에서 전해지는 이야기예요. 중국 하나라 우왕 시대에 매년 비가 많이 내리면 황하가 넘쳐서 길을 고쳐야 했어요.
그러다 어느 해 강 가운데서 큰 거북이가 나타나서 잡았는데, 이 거북의 등에 그림과 같은 신비한 무늬가 새겨져 있었다고 해요. 이상하게 여긴 우왕이 이 거북의 등에 새겨진 무늬에 대해 알아보게 했죠.

거북의 등에 새겨진 그림은 1부터 9까지의 숫자를 점의 개수로 나타낸 거였어요. 또 가로, 세로로 3개씩 9개의 숫자가 적혀 있다는 것도 알아냈죠. 더 놀라운 것은 이 수들의 배열이 가로, 세로, 대각선으로 더하여도 합이 항상 15로 같다는 거였어요!!! 이게 마방진이 시작된 전설이라고 해요.

우리나라에서도 마방진의 역사가 있어요.
조선 시대 숙종 때, 최석정이라는 수학자가 있었어요. 신기하죠? 그렇게 오래전 조선 시대에도 수학 공부를 하는 사람이 있었다니! 최석정이 쓴 책 〈구수략〉을 보면 9차 마방진에 대한 설명이 있어요.

9차 마방진은 가로, 세로로 9개씩 81개의 숫자로 만드는 것인데요. 1부터 81까지의 수를 겹치지 않게 배열하는 거예요. 또 테두리에 있는 육각형 모양 안에는 1부터 30까지의 수를 겹치지 않게 썼어요. 재밌는 건 각각의 육각형의 수를 합하면 모두 93이 된다고 해요.

이 그림을 〈지수귀문도〉라고 불렀는데, 생긴 모양이 거북의 등 같다고 해서 붙여진 이름이에요.

재미로 풀어보는 마방진

처음엔 멜랑꼴리한 우울한 느낌의 그림으로 시작했는데 어느덧 마방진까지 왔네요. 마방진은 초등학교 4학년 교과서로 처음 만나죠.

문제 오른쪽 그림과 같은 정사각형의 격자 네모 칸 안에 1~9개의 숫자 중 하나씩 넣어 가로, 세로, 대각선의 합이 모든 같은 수가 되도록 할 수 있는지 알아봅시다.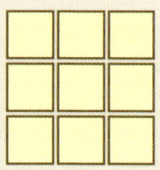

이 문제는 마방진 기초문제라고 할 수 있는데 한 번 도전해 볼까요? 풀이 방법을 설명해줄게요. 전체 칸에 1부터 9까지의 숫자를 넣는 거예요. 겹치지 않게요.

1에서 9까지의 합은 모두 45이기 때문에 가로로, 세로로 합은 전체 합에서 3등분 한 값이에요.

그러니까 45÷3=15 으로 15가 나와야 해요.

정답

2	9	4		6	7	2		8	1	6		4	3	8
7	5	3		1	5	9		3	5	7		9	5	1
6	1	8		8	3	4		4	9	2		2	7	6

4	9	2		8	3	4		6	1	8		2	7	6
3	5	7		1	5	9		7	5	3		9	5	1
8	1	6		6	7	2		2	9	4		4	3	8

모든 정답을 보면 신기한 게 있습니다.

숫자의 배열은 바뀐 게 없어요. 그냥 90도씩 회전해서 보면 숫자가 모두 같다는 거예요!!

마방진은 수학에서 조합론 원리를 알려주고 있어요.

엥? 조합론이 뭐지? 처음 듣는 말이라서 이해하기 어려울거예요. 하지만 조합론이라는 건 오늘날 메모리 반도체, 스마트폰, 그리고 무선통신기술 발전에 꼭 필요한 아주 중요한 이론이에요.

우리나라가 반도체와 휴대폰으로 유명해진 건 아마도 조선시대부터 마방진을 연구했기때문 아닐까요?

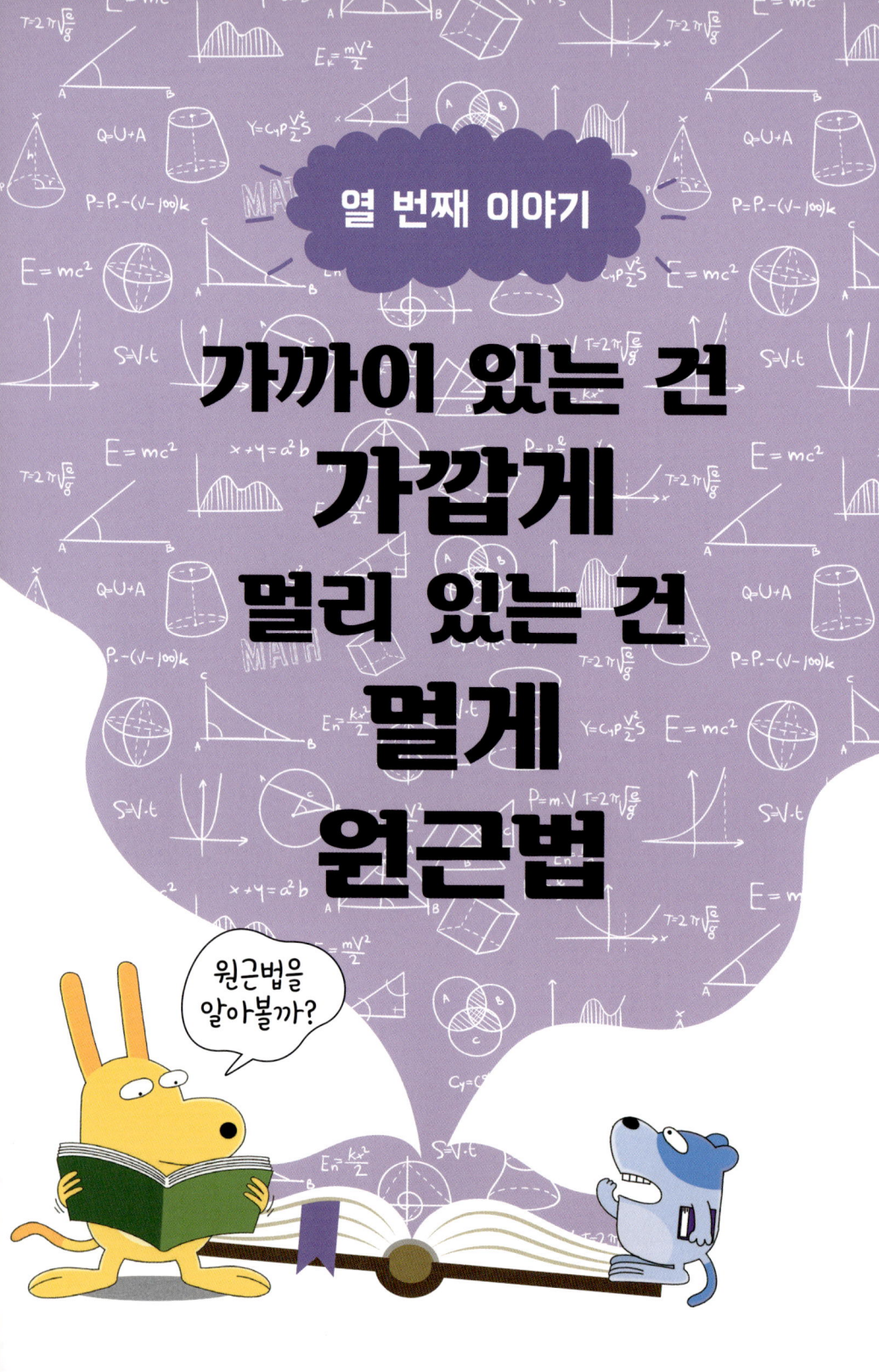

가까이 있는 건 가깝게
멀리 있는 건 멀게, 원근법

입체를 만드는 마법

이 그림을 어디에서 본 적 있을 거예요. 여러 사람들이 식탁에 앉아 있는 모습이죠? 아! 한 사람은 서서 뭔가를 들여다 보고 있네요. 가운데 한 남자가 앉아 있고 주변에 있는 다른 사람들은 빵을 먹다 말고 뭔가 이야기하고 있어요.

모두 열세 명의 사람들이 일렬로 앉아 있죠. 딱 봐도 가운데 앉아있는 남자가 그림의 주인공이란 걸 알 수 있어요.

그림의 제목은 〈최후에 만찬〉이라고 해요. 레오나르도 다 빈치가 그린 그림이죠. 이 그림은 예수 그리스도가 십자가에서 죽기 전날, 열두 제자와 함께 만찬을 나누고 있는 장면을 상상해서 그렸다고 해요.

다 빈치의 〈최후의 만찬〉을 보면 사람들 손이나 움직임이 조금씩 다른 것을 알 수 있어요. 뭔가 말을 하거나 아니면 쳐다보고 있고, 누군가를 가리키며 얘기를 나누고 있는 모습이죠. 최후의 만찬이라는 의미는 마지막 식사라는 뜻이였어요.

다 빈치의 그림에는 모두 13명이 나오는데 서양에서는 이 숫자를 좋아하지 않아요. 그렇다면 13이라는 숫자를 왜 무서워하는지 혹시 아시나요? 그림 속 이야기와도 연관이 있어요. 열세 번째로 등장한 유다가 예수를 팔러 도중에 나갔기 때문이에요. 그래서 13을 싫어하게 되었다는 말이 있어요.

그래서 미국 고층건물에는 13층이 없는 곳이 무려 80퍼센트(%)나 된다고 해요. 공항에는 13번 게이트도 없고, 병원과 호텔에도 13호실이 없어요.

이탈리아 피렌체를 가면 건물 주소에는 12와 14 사이에 13을 생략하고 12.5를 넣는다고 하네요. 기독교를 믿지 않는 사람들도 13은 불길하다고 생각하는 거예요.

하나 더 이야기해 볼까요? 축구나 야구, 농구 같은 스포츠 선수 등 번호에도 13은 없다는 거예요. 하지만 13이 불길하다는 과학적 증거는 어디에도 없어요.

그림을 다시 살펴볼까요? 화면 한가운데 있는 예수의 몸은 삼각형을 이루고 있어요. 그림의 정 가운데 그려진 삼각형. 그 안에 예수가 들어가 있고요.

이렇게 되니까 그림이 전혀 다른 느낌을 주는 거예요. 공간은 이전 사람이 그린 것보다 훨씬 입체적으로 보여요. 깊이 있어 보인다고 할까요? 평면을 벗어나 있는 것처럼요.

〈최후의 만찬〉 그림에는 수학이 숨어있다고?

〈최후의 만찬〉이 이렇게 뛰어난 작품으로 알려진 이유는 완벽한 수학 계산이 숨어있기 때문이에요.

실제 보고 있으면 마치 내가 실제로 이 장소에 함께 있는 듯한 착각이 들게 되죠. 사람들의 모습은 사진을 찍은 것처럼 사실같이 보이고요. 그만큼 실제 모습을 상상하며 그린 것 뿐인데 사실적으로 느껴지는 거예요. 다 빈치는 안정감을 주는 구도를 만들기 위해 수학으로 연구했어요.

예수의 눈을 중심으로 직선을 그려보면 자연스럽게 그림이 어떻게 그려졌는지 알 수 있어요. 그림의 중심이 눈이라는 걸 알 수 있어요. 모든 선이 모이는 눈이 바로 **소실점**이에요.

그리고 예수의 눈과 펼쳐있는 두 손을 연결하면 다시 삼각형이 되네요.

이 삼각형의 길이를 연장해서 다시 그으면 역삼각형이 나와요. 삼각형과 역삼각형 두 개를 겹치면 육각별이 돼요. 육각별은 유대인의 상징으로 알려져 있는데요, 이를 다윗의 별이라고 부르기도 해요.

다윗의 별

삼각형을 두 개 겹친 육각별은 유대인의 상징. 일부에서는 이 그림에 마법을 쫓아내는 신비한 초능력이 있다고 생각해 다윗의 방패라고 부르기도 해요.
다윗 왕의 아들 솔로몬 왕은 이스라엘과 유대를 통합한 후 다윗의 별을 유대 왕의 문장으로 삼았다고 전해지고 있죠. 또한 이스라엘 국기에 이 모양이 그려져 있어요.

다윗의 별   이스라엘 국기

원근법의 원리

그렇다면 원근법에 대해서 알아볼까요?

원이라는 건 멀다는 뜻이고, 근이라는 건 가깝다는 뜻이거든요. 그러니까 먼 것은 멀리 보이게, 가까운 것은 가까이 보이게 그리는 것을 원근법이라고 해요.

간단히 말해서 실감 나게 표현하는 거예요. 사람 눈으로 보는 것처럼 그리는 게 원근법이에요. 우리가 보는 공간은 3차원이라고 하거든요. 평면 회화를 2차원이라고 한다면 다음 단계로 발전한 거죠. 그림 속에 수학적 계산을 넣어서 빛이 지나가는 그림을 그린 것, 바로 이게 원근법이에요.

모나리자

이걸 그림으로 그려낸 다빈치는 또 새로운 생각을 했어요. 가까운 곳은 선명하게, 먼 것은 뿌옇게 그려내기 위해 특별한 기술을 만들었어요.

이 작품은 레오나르도 다빈치가 그린 〈모나리자〉예요. 그림을 보면 배경이 아주 흐릿해서 제대로 보이지 않아요. 희미하게 보이게 그린 건 나무가 멀리 있다고 알려주는 거예요. 이것이 미술에 수학을 이용한 원근법 회화예요.

먼 곳을 흐리게 나타내는 그림은 이때만 해도 깜짝 놀랄만한 기법이었다고 해요. 이렇듯 다 빈치는 화가일 뿐 아니라 다양한 방면을 연구하는 학자였어요.

앞서나간다는 것은 아무리 천재라고 해도 노력이 없으면 불가능했을 거예요. 기록을 보면 하루에 20시간씩 수학을 연구하고 기하학 문제를 풀었다고 해요. 으악! 잠은 언제 자고 밥은 어떻게 먹었지? 우리는 결코 따라 할 수도 없겠네요.

한 수 위의 원근법

미술시간에 지난번 가족들과 다녀온 여행지를 그림으로 그리려고 해요.

푸르른 나무들과 파란 하늘 그리고 저 멀리 보이는 산들까지 그대로 도화지에 담고 싶은데 마음대로 되지 않죠? 아무리 그려도 그런 느낌이 나지 않는다면, 원근법을 떠올려보세요. 가까운 곳은 크게 먼 곳은 작게 그리면 평면인 도화지에서 나무와 산들이 마치 눈에 보이는 것처럼 표현될 거예요.

음, 원근법이 이해가 안된다면 가지고 있는 사진을 보세요.

원근법을 적용한 3차원 그림

원근법은 르네상스 시대부터 사용됐어요. 레오나르도 다 빈치의 그림에서 우리는 길이 멀어질수록 점점 작아져서 하나의 점이 된다는 것을 보았는데요, 그 점을 소실점이라고 해요. 이 소실점을 이용하면 원근법으로 그림을 그릴 수 있죠.

가까운 것과 먼 것을 이렇게 소실점을 두고 그리면 되는 거예요. 이런 그림 그리는 방법을 선 원근법, 혹은 투시 원근법이라고 불러요.

투시 원근법은 소실점 개수에 따라서 다양해져요.

1점 투시는 소실점이 하나예요. 정면을 볼 때 생기는 투시법이에요. 주로 건축물의 내부를 그린다거나 길게 이어지는 길, 가로수 같은 것을 그릴 때 사용해요.

소실점은 가운데 있고 멀고 깊은 공간감을 만들어요.

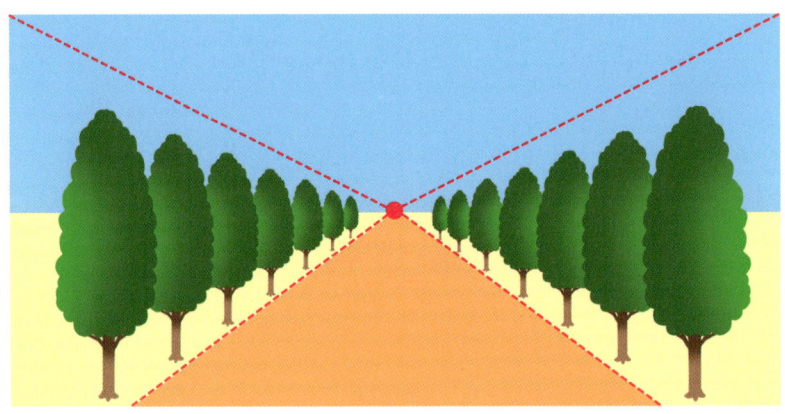

1점 투시 그림

2점 투시는 소실점이 두 개예요. 물체의 한 면을 보는 게 아니라 모서리를 중심으로 볼 때 생기는 투시예요. 좀 어려운 말로는 사선 원근법이라고 부르기도 하죠.

이건 일정한 각도로 틀어져 있는 것처럼 보여요. 또 모서리가 밖으로 튀어나오는 것처럼 보이기도 하고요.

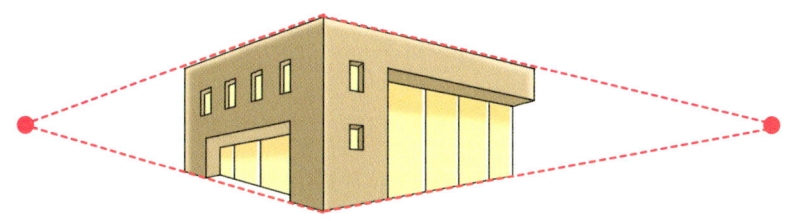

2점 투시 그림

3점 투시는 소실점이 3개나 돼요. 굉장히 입체적이에요. 마치 위에서 내려다보고 있는 것 같은 느낌을 주거든요. 이런 투시 원근법을 조감도법이라고 부르기도 해요.

높은 빌딩을 바로 위에서 바라보면 좌, 우, 위 3개의 소실점이 생겨요.

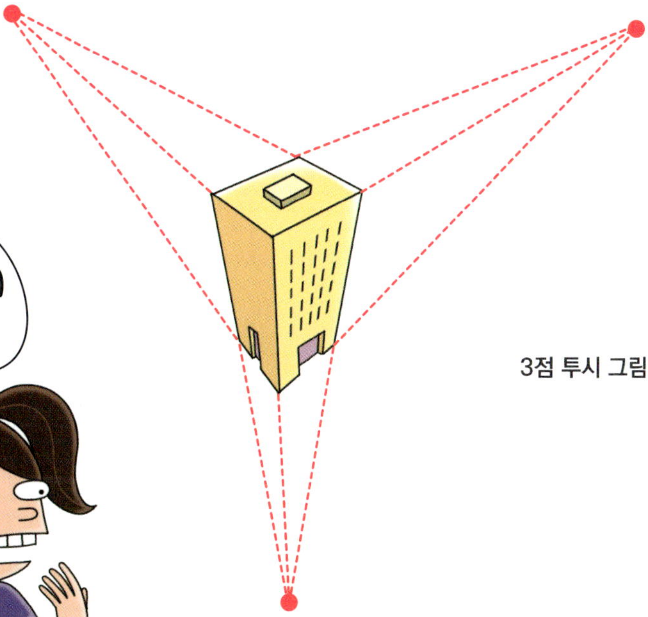

3점 투시 그림

가까이 있는 건 가깝게 멀리 있는 건 멀게, 원근법

우리 조상들이 사용한 역원근법

원근법을 반대로 그리는 그림도 있어요. 그래서 역원근법이라고 불러요.

가까운 것을 작게 그리고 오히려 먼 것을 크게 그리는 거예요.

왜 이런 그림을 그릴까요?

역원근법은 대부분 동양화에서 찾아볼 수 있어요.

우리 옛 조상들도 이런 방식으로 그림을 많이 그렸어요. 그림 구도와 상관없이 중요한 사람을 그린 인물화에서 주로 사용했죠.

주인공을 돋보이게 해주고 싶을 때 그리는 그림이에요.

평범한 그림을 입체적으로 보이게 하는 비법도 역시 수학이에요. 수학적으로 계산해서 그림에도 사진처럼 실감나게 그릴 수 있어요.

원근법의 원리를 알았으니 이제 그림에 활용해보세요! 전보다 훨씬 멋진 작품이 탄생될 거예요~

작가의 말

수학이라는 말만 들어도 짜증날 때도 있어요. 왜냐하면 수학용어가 너무 어려우니까요. 직선, 곡선, 삼각형, 사각형, 이런 단어가 한문으로 만들어져서 더 그래요. 단번에 이해하기가 어렵거든요.

"이게 도대체 무슨 소리야?"
"단어 뜻도 이해를 못 하겠어!"

이런 생각이 들면 한숨이 먼저 나와요.
수학 원리와 이론을 쉽게 만날 수 있다면 훨씬 좋았을 텐데, 그림을 보고 친해졌으면 훨씬 쉬웠을 텐데. 저는 그런 생각을 많이 했어요. 왜냐하면, 우리는 이미 수학과 함께 살아가고 있거든요.

사각형 침대에서 자고 일어나 원 안에 있는 시계를 보고 하루를 시작하잖아요. 절선으로 이어지는 계단에서는 무게중심을 잡고, 늦잠을 자면 지각하지 않을 확률을 계산하며 뛰어가요. 아무도 가르쳐주지 않았지만, 비례와 대칭을 고민해서 그림도 그려요. 이미 수학을 좋아하고 있었다니까요!

〈수학 마법쇼〉는 이전과 다른 방식으로 수학 개념과 원리를 소개해 줘요. 별로 친하지 않았던 친구의 매력을 어느 날 문득 발견하는 것처럼, 수학을 다시 만날 수 있을 거예요. 제일 중요한 건, 누워서도 볼 수 있는 수학책이라는 거잖아요!

만약 이 책을 보고 있다가 "아! 이게 그거였네!"하고 놀랄 수도 있어요. 그렇게 생각이 들었다면, 이미 수학과 친구가 된 거예요. 앞으로 점점 더 친해지면 정말 좋겠네요.

수학은 우리 삶을 좋게 만들어줘요. 수학이 자동차도 만들었고 비행기도 만들었거든요. 편리한 모든 것에는 수학이 있어요. 그래서 수학은 우리 모두의 미래에 꼭 필요한 학문이에요.

로봇 친구도, 메타버스 아바타도 만들려면 수학을 알아야 해요. 우주여행을 위해서라도 꼭 필요하거든요.

여러분은 어떤 사람이 되고 싶은가요? 혹시 꿈꾸는 직업이 있나요? 상상하는 미래를 만들기 위해 꼭 필요한 수학! 여러분이 모두 수학과 친구가 되었으면 정말 좋겠어요.

오늘도 학교에서, 학원에서, 또 집에서 문제집을 펴고 앉아, 정답을 고민하고 있다면, 이 말을 기억해주세요. "난 수학을 싫어해."라는 생각을 잠깐 버리고 마법 같은 수학을 만나보세요. "말도 안 돼, 이게 수학이야?"하고 놀랐다가, "엄마, 수학이 좀 재밌는 거 같아!"라고 더 놀라게 될지도 모르거든요.

지은이 **정화영**

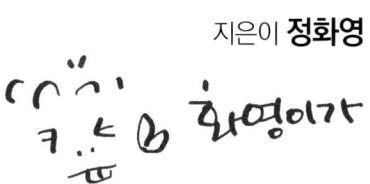